ハッシュタグ から世界が広がる！

つぶやき英語

NHK「太田光のつぶやき英語」制作班 監修

イースト・プレス

ハッシュタグから
世界を知ってみよう！

　本書は、NHK Eテレで放送されている「太田光のつぶやき英語」の制作班の監修をもとにつくられた本です。番組で取り上げられたハッシュタグをもとにSNSでつぶやかれている英語の投稿を解説し、紐解いています。世界的なニュースや社会問題、カルチャーからライフスタイルまで幅広いジャンルのハッシュタグを本書では取り上げています。世界では一体なにが起きているのか、SNSでなぜ話題になったのか、ハッシュタグを紐解くことで答えが見えてくるかもしれません。一緒に探っていきましょう！

今の "生きた" 英語
が学べる！

　日本語でも、SNSで使うスラングや流行語ってありますよね。もちろん英語にもあります。本書では、SNSの投稿で使われている英語表現を学ぶことができます。ハッシュタグに関連するフレーズページでは、よく使われる熟語や文法の解説も充実！英語力を身につけて、SNSをより楽しみましょう！

Contents

本書の使い方

※本書で紹介している投稿・フレーズは、NHK Eテレ「太田光のつぶやき英語」の番組内で取り上げられたものを元に編集・加筆したものです。

SNSで話題となったハッシュタグです。社会問題からカルチャー、ライフスタイルまで幅広く取り上げています。

ハッシュタグに関連するつぶやき（投稿）です。

つぶやきの日本語訳です。

01 #SDGs

「Sustainable Development Goals」の略称で、「持続可能な開発目標」という意味。SDGsには2030年までに達成すべき17の目標が掲げられており、2015年に開催された国連サミットにおいて採択されました。

Oluwadunsin Bolaji
@dunsinbolaji・2023年5月25日

200 school bags made from scraps of Ankara fabrics gotten from bag production over the years.
This project is an innovative way to sustainably dispose of waste that would have otherwise ended up in the landfills or burnt.

長年かばんを制作する際に出たアンカラ布の切れ端で作った200個のスクールバッグ。このプロジェクトは、埋め立てられるか焼やされるはずだったごみを環境に配慮しながら処理する革新的な方法だ。

SDGsが掲げる目標12には「つくる責任 つかう責任」が定められており、「持続可能な消費と生産のパターンを確保する」ということがテーマになっています。本来廃棄されるものを再利用し、新たなものを生み出す動きはサステナ先になっており、SNSでもこうした投稿が企業、個人問わず増え続けています。

#SDGsとは「Sustainable Development Goals（持続可能な開発目標）」の略称で、2015年9月の国連サミットで採択されました。国連加盟193か国が2016年から2030年の15年間で達成するために掲げた目標です。「17の目標」と「169のターゲット（具体目標）」で構成されています。「17の目標」には、貧困や飢餓などから、働きがいや経済成長、環境問題まで、21世紀の世界が抱える課題が挙げられています。2020年頃からSNSを中心に広まり、サステナビリティを意識したライフスタイルやファッションといった投稿が増えてきました。

Word Pocket

#scrap	切れ端／かけら	#dispose of~	~を処理する
#innovation	革新的な	#waste	廃（棄）物／ごみ
#sustainably	持続的に	#landfill	埋め立て地

ハッシュタグの説明です。言葉の解説や、どういった経緯でハッシュタグが広まったのかを紹介しています。

上記のつぶやきの解説です。つぶやかれた背景や意図を解説しています。

つぶやき内に出てきたり、関連する英単語の紹介です。

ハッシュタグに関連したSNSでの投稿で使えるフレーズの紹介です。単語や熟語、文法の解説も充実しています。

☐ The word SDGs stands for Sustainable Development Goals.
（SDGsという言葉は「持続可能な開発目標」の略です。）
▶sustainable「（地球）環境を破壊しない、持続可能な」

☐ SDGs are designed to "provide a shared blueprint for peace and prosperity for people and the planet, now and into the future."
（SDGsは「現在および未来に向けた、人類と地球の平和と繁栄のための共通認識をもたらす」ために考案されました。）
▶shared 共有の、共通の」、blueprint「青写真、計画」、prosperity「繁栄、盛況」

☐ Implementation of the SDGs started worldwide in 2016.
（SDGsの実施は2016年に世界中で始まった。）
▶implementation「遂行、実施」、worldwide「世界中に［で］」

☐ Ending poverty is one of the goals.
（貧困をなくすことが目標の1つです。）
▶poverty「貧困」

☐ UN member states adopted the 2030 Agenda with a commitment to "leave no one behind."
（国連加盟国は「誰一人取り残さない」ことを誓い2030アジェンダを採択しました。）
▶adopt「～「法案など」を採択する」、agenda「（政府・組織などの取り組べき）問題、課題」、commitment「約束、誓約」

☐ "We need to turn the recovery from COVID-19 into a real opportunity to do things right for the future," said UN Secretary-General António Guterres.
（「我々は新型コロナウイルスからの復興を未来に向けて物事を正しく進めるための現実的な機会に変える必要がある」とグテーレス国連事務総長は言った。）
▶turn ～ into ...「～「人・物」を「別の物・状態」に変える」、opportunity「～する機会」

☐ I was surprised that they had goals regarding hunger and education, because I had assumed that SDGs only had to do with environmental issues.
（SDGsはてっきり環境問題とだけ関係があると思っていたので、飢餓や教育に関する目標が含まれていることに驚いた。）
▶regarding ～「～に関する」、assume that ～「～を当然だと思う」、～だと思い込む」、have to do with ～「（人・物・事）と関係がある」

☐ You could help achieve SDGs by volunteering or donating money or items you don't use.
（ボランティアへの参加もしくはお金や不用品の寄付はSDGsの達成の助けになります。）
▶donate「～を寄付する」

☐ Circularity is getting a lot of attention in the fashion industry.
（ファッション業界では循環性が大いに注目を集めている。）
▶circularity「循環性」、attention「注目、関心」、industry「業界」

12 13

世界で起きていること、話題になっていることをSNSで知ることができる今、SNSを駆使して、世界を広げて、新しい英語を身につけていきましょう！

01 #SDGs

「Sustainable Development Goals」の略称で、「持続可能な開発目標」という意味。SDGsには2030年までに達成すべき17の目標が掲げられており、2015年に開催された国連サミットにおいて採択されました。

#SDGs とは「Sustainable Development Goals（持続可能な開発目標）」の略称で、2015年9月の国連サミットで採択されました。国連加盟193か国が2016年から2030年の15年間で達成するために掲げた目標です。「17の目標」と「169のターゲット（具体目標）」で構成されています。「17の目標」には、貧困や飢餓などから、働きがいや経済成長、環境問題まで、21世紀の世界が抱える課題が挙げられています。2020年頃からSNSを中心に広まり、サステナビリティを意識したライフスタイルやファッションといった投稿が増えてきました。

Oluwadunsin Bolaji
@dunsinbolaji・2023年5月25日

200 school bags made from scraps
of Ankara fabrics gotten from bag
production over the years.
This project is an innovative way to
sustainably dispose of waste that
would have otherwise ended up in
the landfills or burnt.

訳 　長年かばんを制作する際に出たアンカラ布の
切れ端で作った200個のスクールバッグ。
このプロジェクトは、埋め立てられるか燃や
されるはずだったごみを環境に配慮しながら
処理する革新的な方法だ。

SDGsが掲げる目標12には「つくる責任 つかう責任」が定めら
れており、「持続可能な消費と生産のパターンを確保する」とい
うことがテーマになっています。本来廃棄されるものを再利用
し、新たなものを生み出す動きは年々活発になっており、SNS
でもこうした投稿が企業、個人問わず増え続けています。

Word Pocket

● scrap	切れ端／かけら	● dispose of ～	～を処理する
● innovative	革新的な	● waste	廃（棄）物／ごみ
● sustainably	持続的に	● landfill	埋め立て地

Jean Claude NIYOMUGABO
@jcniyomugabo · 2021年9月28日

Hydroponics is a method of growing plants using nutrient-rich solution with a water base.
Aeroponics is the process of growing plants in an air or mist environment rather than soil.
Aquaponics is a cooperation between plants and fish.

> 訳　ハイドロポニックス（水耕栽培）は栄養豊富な水溶液を使って植物を育てる方法。
> エアロポニックス（空中栽培）は土ではなく空気中または霧の中で植物を育てる作業。
> アクアポニックス（魚の養殖と水耕栽培を組み合わせたシステム）は植物と魚の協力。

アクアポニックスは、水産養殖（Aquaculture）と水耕栽培（Hydroponics）を合わせた言葉です。淡水魚と野菜を同時に育てることで、持続可能な循環型農業システムを実現しました。アクアポニックスで野菜を育てる場合は、土壌栽培のように雑草も生えません。さらに害虫も付きにくいため、除草剤や殺虫剤を使用せずに育てられます。淡水魚の養殖も、つねに浄化した水を水槽へ送っているため水を交換する手間もなくなりました。

Word Pocket

● method	手法	● mist	霧
● nutrient-rich	栄養豊富な	● rather than 〜	〜ではなく
● solution	溶液	● soil	土

Mike Hudema
@MikeHudema · 2023年10月28日

Forests are our shields against the climate crisis. They are unique, irreplaceable ecosystems that are home to millions of people and billions of species.
Nature is vital to survival. Protect it.
#biodiversity #rewilding #conservation #SDGs

訳　森は気候危機から私たちを守る盾だ。唯一無二の替えがきかない生態系であり、何百万もの人や何十億もの種が暮らしている。
自然は生存に不可欠だ。自然を守ろう。

森林は気候変動に対する自然の盾であり、二酸化炭素の吸収、気温の調整、生態系の保護に貢献しています。しかし、過度な伐採や気候変動により、森林が逆に二酸化炭素の放出源となり、生態系が脅かされています。これにより気候危機が悪化し、異常気象や自然災害の頻発が懸念されます。持続可能な森林保護と再生が急務であり、国際的な協力が不可欠です。

Word Pocket

● shield	盾	● ecosystem	生態系
● unique	唯一の	● species	種
● irreplaceable	替えがきかない	● vital	不可欠な

#SDGsに関連するフレーズ

☐ The word SDGs stands for Sustainable Development Goals.

（SDGsという言葉は「持続可能な開発目標」の略です。）

▶sustainable「（地球）環境を破壊しない、持続可能な」

☐ SDGs are designed to "provide a shared blueprint for peace and prosperity for people and the planet, now and into the future."

（SDGsは「現在および未来に向けた、人類と地球の平和と繁栄のための共通認識をもたらす」ために考案されました。）

▶shared「共有の、共通の」、blueprint「青写真、計画」、prosperity「繁栄、成功」

☐ Implementation of the SDGs started worldwide in 2016.

（SDGsの実施は2016年に世界中で始まった。）

▶implementation「遂行、実施」、worldwide「世界中に［で］」

☐ Ending poverty is one of the goals.

（貧困をなくすことが目標の１つです。）

▶poverty「貧困」

☐ UN member states adopted the 2030 Agenda with a commitment to "leave no one behind."

（国連加盟国は「誰一人取り残さない」ことを誓い2030アジェンダを採択しました。）

▶adopt ～ 「〔〔法案など〕を採択する」、agenda「（政府・組織などの扱うべき）問題、課題」、commitment「約束、誓約」

☐ "We need to turn the recovery from COVID-19 into a real opportunity to do things right for the future," said UN Secretary-General António Guterres.

（「我々は新型コロナウイルスからの復興を未来に向けて物事を正しく進めるための現実的な機会に変える必要がある」とグテーレス国連事務総長は言った。）

▶turn ～ into ...「〔人・物〕を〔別の物・状態〕に変える」, opportunity「～する機会」

☐ I was surprised that they had goals regarding hunger and education, because I had assumed that SDGs only had to do with environmental issues.

（SDGsはてっきり環境問題とだけ関係があると思っていたので, 飢饉や教育に関する目標が含まれていることに驚いた。）

▶regarding ～「～に関する」, assume that ～「～を当然だと思う, ～だと思い込む」, have to do with ～「〔人・物・事〕と関係がある」

☐ You could help achieve SDGs by volunteering or donating money or items you don't use.

（ボランティアへの参加もしくはお金や不用品の寄付はSDGsの達成の助けになります。）

▶donate ～「～を寄付する」

☐ Circularity is getting a lot of attention in the fashion industry.

（ファッション業界では循環性が大いに注目を集めている。）

▶circularity「循環性」, attention「注目, 関心」, industry「業界」

02 # NoWar

2022年、ロシアによるウクライナ侵攻がはじまったことで、世界でウクライナの平和を願う人々によって広まったハッシュタグ。多くのアスリートや著名人もこのハッシュタグを使って、「戦争反対」を訴えかけています。

#NoWarは2022年2月、ロシアによるウクライナ侵攻がはじまったことで広まったハッシュタグです。「戦争反対」を意味しています。ウクライナ侵攻は、ウクライナの主権を侵害するもので、国際社会から広く非難されています。ウクライナは独立国家としての権利を守るために、ロシアの侵攻に対抗していますが、多くの国民がそれによる影響を受けています。国際的には、多くの国がロシアに対する経済制裁を課し、攻撃を非難していますが、紛争の解決は難航しており、世界は事態の進展を注視しています。

Salwan Georges
@salwangeorges・2022年2月24日

Hundreds of people, including many women and children are currently taking shelter inside a subway station in Kharkiv, #Ukraine as explosions are heard in the city.

訳 街に爆発音が聞こえる中、多くの女性と子どもを含む何百人もの人が現在ウクライナのハルキウで地下鉄の駅に避難しています。

ロシアによるウクライナ侵攻が開始された2022年2月、ウクライナ第二の都市であるハルキウでもロシアによる攻撃に耐えていました。ハルキウはロシアとの国境からわずか30kmしか離れておらず、侵攻開始時には、激しい攻撃にさらされ、多くの市民が犠牲となりました。

Word Pocket

- hundreds of ~ 何百という~
- including ~ ~を含む
- currently 現在
- take shelter 避難する
- explosion 爆発 (音)

D'anno Domini
@Im_NotFromHere・2023年5月23日

War is never the solution. It only brings destruction, pain, and division. We must seek peace through dialogue, understanding, and mutual respect. Only then can we build a better world for future generations. #NoWar #Peace #Ukraine #Russia #NATO #Clown

> 訳　戦争は決して解決策ではない。それは破壊、痛み、そして分断をもたらすだけだ。私たちは対話、理解、そして互いへの尊敬を通じて平和を模索しなければならない。その時になってようやく次の世代のためによりよい世界を築くことができるのだ。

ロシアによるウクライナ侵攻がはじまったことで、世界中がSNSを通して「戦争反対」を呼びかけました。ウクライナで被害にあった人々を心配するものや、ロシアを非難するもの、平和を訴えるものなどさまざまです。こうしたSNSの声から具体的なウクライナ支援やデモなどの活動にもつながりました。

Word Pocket

● solution	解決策	● dialogue	対話
● destruction	破壊	● mutual respect	互いに尊敬し合うこと
● division	分断	● only then	その時になってようやく

Rajesh Saha
@Journo_Rajesh · 2022年2月26日

#Russian #Tennis star Andrei Rublev won the match and wrote his message against #war on the camera lens, "No War Please."

#Russia #ukrainerussia #Ukraine #UkraineWar #Russia #NoWar #StopTheWar #love

訳　ロシア人のテニスのスター選手であるアンドレイ・ルブレフは試合に勝ってカメラのレンズに「お願いだから戦争をやめて」という反戦のメッセージを書いた。

ロシアがウクライナ侵攻をはじめた数日後、ロシア出身のプロテニス選手であるアンドレイ・ルブレフ選手は、ドバイ選手権で優勝しました。試合勝利後にカメラのレンズに「No War Please」と書いたことで、海外のファンからは「立派な行動だ」「尊敬に値する」などと称賛の声があがりました。

Word Pocket

- **match** 試合
- **against ~** ～に反対して
- **draw** 引き分け
- **competition** 大会、試合
- **lose** 負ける

#NoWar に関連するフレーズ

☐ The hashtag "#нетвойне", Russian for "no war", started trending soon after Russia began its invasion.

（ロシア語で「戦争反対」を意味するハッシュタグ#нетвойне はロシアが侵攻を開始してすぐトレンド入りした。）

▶soon after ～「～の直後に」、invasion「〔武力による他国への〕侵攻」

☐ Invasion of another country can't be justified for any reason.

（他国への侵攻はいかなる理由があろうと正当化できない。）

▶justify ～「〔行為など〕を正しいと証明する、正当化する」、for any reason〈否定文で〉 「いかなる理由があろうとも」

☐ Russia unilaterally annexed four regions in 2022.

（2022年、ロシアは4つの地域を一方的に併合しました。）

▶unilaterally「一方的に」、annex ～「〔領土・国〕を（特に武力を使って）併合する」

☐ People could be put in jail if they criticize the government.

（政府を批判した人は刑務所に入れられるかもしれない。）

▶jail「刑務所」、criticize ～「～を批判する」

☐ I wonder when this pointless war will be over.

（この無意味な戦争が終わるのはいつだろうか。）

▶wonder ～「～だろうかと思う」、pointless「むだな, 不毛の」、be over「終わって, 済んで」

☐ **There's no sign of a cease-fire.**

（停戦の徴候は見えません。）

▶signには「標識」や「看板」という意味もありますが、ここでは「きざし、徴候」を表します。
no sign of 〜で「〜の徴候が見えない」という意味。cease-fire「停戦」

☐ **We think that these events led up to Russia's invasion.**

（我々はこれらの出来事がロシアの侵攻につながったと考えている。）

▶lead up to 〜「〜につながる、〜という結果にいたる」

☐ **What can be done to end the war with Russia?**

（ロシアとの戦争を終わらせるために何ができるだろうか？）

▶end 〜「〜を終わらせる」

☐ **Russia's war on Ukraine has had a great impact on the sports world.**

（ロシアのウクライナに対する戦争はスポーツ界に大きな影響を与えています。）

▶impact「影響、反響」

☐ **Ukraine maintains that peace can be only achieved when Russian forces leave the occupied territories, including the Crimean Peninsula.**

（ウクライナは、クリミア半島を含む占領地域からロシア軍が撤退するときのみ和平が実現すると主張しています。）

▶maintain that 〜「〜だと主張する」、occupied territory「占領地（域）」、Crimean Peninsula「クリミア半島」

03 #UrbanSports

世界に広がる新世代の都市型スポーツ。2021年に開催された東京2020オリンピックでスケートボードやBMXが正式種目となり、世界中が注目しています。

#UrbanSportsは「都市型のスポーツ」と訳されます。町での遊びが進化した新時代のスポーツのことで、スケートボードやBMX（自転車競技の一種）、ボルダリングなどのことを指しています。日本発のものでは、Kendama（けん玉）の大会が世界各地で開催され、スポーツとして楽しまれています。2021年の東京オリンピックで、スケートボードやBMXフリースタイルが新競技として採用されたことがSNSで話題になりました。2024年パリオリンピックからはブレイキングダンスを競技化した「ブレイキン」も正式種目となり、ますます注目を集めています。

Piers Morgan
@piersmorgan · 2021年8月1日

Just watched someone I've never heard of (Charlotte Worthington) win gold in a sport I've never cared about (BMX) in an Olympics I think should have been postponed… and found it absolutely thrilling.
I must be going soft.
Congrats @chazworther

> 訳 延期すべきだったと思っているオリンピックの、気にしたこともなかった競技（BMX）で、聞いたこともなかった人（シャーロット・ワージントン）が金メダルを獲得するのをたった今見て…ものすごくわくわくした。
> 私も丸くなったものだ。
> おめでとう@chazworther

新型コロナウイルスの影響で2020年から2021年に延期された東京オリンピック。2021年になっても開催に向けての賛否は分かれていました。しかし、新たに競技化されたBMXフリースタイルに出場した、イギリスのシャーロット・ワージントン選手は、360度バックフリップを成功させて人々に興奮と感動を与えました。

Word Pocket

● hear of ~	～を耳にする	● absolutely	ものすごく
● win gold	金メダルを獲得する	● thrilling	わくわくさせる
● postpone	延期する	● soft	（人に）甘い

Kaylee
@defyALLthegrvty · 2021年8月4日

Watching Okamoto bail right at the moment end of her amazing run, but then get lifted into the air by her competitors. MY EMOTIONS.
#skateboarding

 訳　オカモトがすばらしい滑走のちょうど最後に転倒したが、そのあと彼女のライバルたちによって抱え上げられているのを見た。感動。

2021年の東京オリンピックでスケートボード・女子パークで華麗に技を決めていた日本代表の岡本碧優選手でしたが、最後に転倒してしまい悔し涙を流しました。しかし、そこにオーストラリアのポピー・オルセン選手とアメリカのブライス・ウェットスタイン選手が近寄って抱擁し、それを見た世界中の人々が感動し称賛しました。

Word Pocket

● bail	転倒する	● get lifted	抱え上げられる
● right	ちょうど	● competitor	競争相手
● amazing	すばらしい	● my emotions	《SNS などで》感動的な

SurferToday.com
@surfertoday · 2020年6月18日

Know the meaning behind the skateboarders' lingo. Discover what the most common skate expressions mean. Explore our dictionary of skateboarding slang and words.
#skatetwitter #skate #skater #skateboarder #skateboard #skateboarding

訳 スケートボーダーの専門用語の裏にある意味を理解しよう。最もよく使われるスケートの表現が何を意味するか知ろう。スケートボーディングのスラングや言葉の辞書をじっくり見てみよう。

スケートボードはアメリカ発祥と言われており、「スケーター」は1980年代頃から一つのファッションスタイルとして確立しました。一つの文化の側面として、スケートボードに関する専門用語やスラングも多く生まれました。

 Word Pocket

● meaning	意味	● common	よく見られる
● lingo	専門用語	● expression	表現
● discover	見つける／知る	● slang	俗語／スラング

#UrbanSports に関連するフレーズ

☐ **Urban sports which debuted in the Tokyo Olympics drew a lot of attention.**

（東京オリンピックで初めて登場したアーバンスポーツは大いに注目を集めた。）

▶debut「デビューする」、draw attention「注目を集める」

☐ **Skateboarding, BMX freestyle, sport climbing and 3×3 basketball were introduced for the very first time at the Olympic Games.**

（スケートボード、BMXフリースタイル、スポーツクライミングと3人制バスケットボールは全く初めてオリンピックで採用された。）

▶introduce ～「～を導入する、取り入れる」、for the first time「初めて」

☐ **Teenagers dominated women's skateboarding in the Tokyo 2020 Olympics.**

（東京2020オリンピックの女子スケートボードは10代が大半を占めた。）

▶dominate ～「～で優位を占める」

☐ **French skateboarder Charlotte Hym said, "Practicing in Paris, in the middle of the city, is exactly what skating is all about."**

（フランス人スケートボーダーのシャルロット・イムは「パリという都会の真ん中で練習することはまさにスケートボードそのものです」と言いました。）

▶practice「練習する」、exactly「まさに」、what ～ is all about「～以外の何物でもない」

☐ **That BMX trick he did was soooo sick!**

（彼がやったあのBMXの技はチョーーーやばかった！）

▶trick「芸当、技」、sick「《俗》すばらしい」

☐ **He does a lot of parkour training and posts videos of himself.**

（彼はパルクールのトレーニングをたくさんしていて、自身の動画を投稿しています。）

▶parkour「パルクール」《障害物を乗り越えながら街中を走るスポーツ》、post 〜「〜を投稿する」

☐ **Can't wait to see breaking in the stunning venues of Paris next summer.**

（次の夏にパリのすばらしい会場でブレイキンを見るのが待ち遠しい。）

▶can't wait to 〜「〜するのが待ち遠しい」、stunning「驚くべき、はっとするほど」、venue「（競技会などの）開催地、会場」

☐ **There are a variety of fun urban sports that you can take up.**

（あなたが始められる楽しいアーバンスポーツがいろいろありますよ。）

▶a variety of 〜「いろいろな〜」、take up 〜「（趣味など）を始める」

☐ **Urban sports are held in an urban setting such as large cities.**

（アーバンスポーツは大都市のような都会の環境で行われる。）

▶setting「環境」

04 #PrideMonth

毎年6月に行われる「プライド月間」。性的マイノリティの人たちが誇りを持って生きていけるようにと「多様性」を表すレインボーカラーを掲げて、世界各地で盛大なパレードが行われます。

#PrideMonthは毎年6月の「プライド月間」のことで、世界各地で性的マイノリティの人々の権利を啓発する活動・イベントが実施されます。1969年6月にアメリカで起きた客と警察が衝突した「ストーンウォールの反乱」という抵抗運動がきっかけとなり、プライドパレードが各地で行われるようになりました。「多様性」を表すレインボーカラーを掲げ、アートイベントやショー、パレードが行われることが多いです。近年では企業や自治体も独自の活動・キャンペーンを行っており、多くの人々に認知されるようになってきました。

Shadow@MFF

@huffy_shep・2023年6月5日

Being gay has always scared me for a long time. After being berated by many and accepted by others, I was lost and confused. Now, I don't hide behind fear anymore because I am happy about who I am, and I will not be scared anymore!!

訳　ゲイであることが長い間ずっと怖かった。たくさん非難され、少し受け入れられたあと、自分を見失い混乱していた。今はもう恐怖心の陰には隠れない、ありのままの自分に満足しているから、もう怖がらないよ。

毎年6月のPrideMonth はLGBTQ＋の誇りと多様性を祝う月です。上記のつぶやきのように、多くの苦しみを感じながら生きてきた人も少なくありません。差別や偏見は依然として残ってはいますが、こうした活動が行われることで、平等と自己表現の自由を社会に促進することができます。

Word Pocket

● scare	怖がらせる	● confused	混乱した
● berate	非難する	● hide behind	陰に隠れる
● lost	途方にくれた／不安な	● fear	恐れ

Nifer the Snep
@SneppyConifer · 2021年6月6日

There were without a doubt multiple THOUSANDS of people that showed up for Pride today. What looked like a sad parade from sixth avenue quickly turned into a legit mile long conga line of people.
#PittsburghPride

訳 今日のプライド・パレードには間違いなく数千人よりもっと多くの人が参加した。6番街からスタートしたさえない感じのパレードはすぐに1マイルの本格的なコンガダンスの行列に変わった。

アメリカ・ペンシルベニア州にあるピッツバーグで行われたプライド・パレードの様子です。コンガとは南米発祥の踊りで、陽気でエネルギッシュなのが特徴です。コンガの踊りはカーニバルや特別なイベントなどで見られ、参加者全員が一体感を味わいながら楽しむことができ、PrideMonthのパレードにふさわしい踊りといえます。

Word Pocket

without a doubt	間違いなく	turn into	変化する
multiple	倍数の	legit	本格的な
show up	顔を出す	conga	コンガ（ダンス）

Analisa Swan
@Analisa_Swan · 2023年6月14日

#PrideMonth #AllOutForPride
Pride is a celebration! An affirmation
of being who you are, expressing
love, creativity, joining in community!
It was wonderful being there
Saturday night to see Mariah & other
artists perform during Pride Month!

訳　プライドはお祝いのイベントだ。ありのまま
の自分を肯定すること、愛情を表現すること、
創造力、地域社会との一体感。
土曜の夜にマライアやほかのアーティストの
プライド月間のステージを現地で見られてう
れしかった。

2023年6月、アメリカの歌手マライア・キャリーは、ロサンゼル
ス州立歴史公園で行われた「LAプライド2023」に出演しました。
LAプライド2023は「All Out With Pride」を公式テーマに掲げ、
"LGBTQIA＋コミュニティの多様性、打たれ強さ、喜び"を祝う
ことを目的にしています。

Word Pocket

● celebration	お祝い	● creativity	創造力
● affirmation	肯定	● join in	～に加わる
● express	表現する	● community	地域社会

#PrideMonthに関連するフレーズ

☐ Until recently, I didn't know when and how Pride Month had started.

（プライド月間がいつどのようにして始まったのか最近まで知らなかった。）

☐ I wanna go to NYC Pride March next year!

（来年はニューヨークのプライド・パレードに行きたい！）

☐ The pride flag is a symbol of LGBT pride and LGBT social movements.

（プライド・フラッグはLGBTの誇りとLGBTの社会運動の象徴です。）

▶symbol of ～「～の象徴、シンボル」

☐ Do you know what each color of the progress pride flag represents?

（プログレス・プライド・フラッグのそれぞれの色が何を表すか知っていますか？）

▶represent ～「～を表す、意味する」

☐ More than a million people take to the streets for London's annual Pride parade.

（100万人以上が毎年行われるロンドンのプライド・パレードのために街頭に繰り出します。）

▶take to the streets「デモ行進する、街頭に繰り出す」、annual「例年の、毎年の」

☐ **The city launched its Pride Month festivities with a kickoff party at its famous theater.**

（その街はプライド月間の行事を有名な劇場でのキックオフ・パーティーでスタートさせた。）

▶launch ～「〔組織的な活動など〕を始める、開始する」、festivity「祝いの催し〔行事〕」、kickoff party「キックオフ・パーティー」新年度のスタート時あるいは大きなプロジェクト・催しの開始時などに行うイベントを指します。

☐ **Pride Month is all about celebrating LGBTQ culture and supporting LGBTQ rights.**

（プライド月間とは要するにLGBTQの文化を祝うこと、そしてLGBTQの権利を支持することです。）

▶be all about ～ ing「〔活動・仕事などの目的・本質を示して〕すべては～だ、要は～だ」、celebrate ～「～を祝う、記念する」

☐ **You shouldn't be afraid to show your true self.**

（本当の自分を表に出すことをこわがらなくてもいいよ。）

▶be afraid to ～「こわくて～できない〔したくない〕」

☐ **There's been some criticism about companies considering Pride Month only as a means of profit.**

（プライド月間を、利益を得る手段としてのみ考えている企業について一部で批判が出ている。）

▶criticism「批判、非難」、consider ～ as ...「～を…だとみなす」、means of ～「～する手段、方法」

05 #MidtermElection

2022年アメリカでバイデン政権の今後を左右する中間選挙が行われたことがきっかけで広まったハッシュタグ。国民が政権に対して声を上げることができる機会ということで、SNSでも大きな関心を集めました。

#MidtermElectionとは「中間選挙」のこと。2022年のバイデン政権の中間選挙をきっかけにSNSで広まったハッシュタグです。アメリカの大統領は4年が任期で、その中間の2年目に行われる議員を選ぶ選挙です。アメリカ前大統領のトランプ氏擁する共和党と現政権の民主党との戦いが注目されていました。今回の中間選挙で目立ったのが、若者世代の投票率でした。ビリー・アイリッシュやオリヴィア・ロドリゴといったZ世代を代表するセレブが投票を呼び掛けたことによって、若者たちも政権や社会問題に対し関心を持つようになりました。

Skyleigh Heinen-Uhrich
@Sky_Lee_1・2022年11月8日

We have to fight for democracy and never take it for granted. We need to elect people that see us and care about us, not their own self-interest. Midterms matter. Let's show up to vote like we never have before.
#VoteBlueToday

訳 我々は民主主義のために戦わなければならない、決して民主主義があって当たり前だと思ってはいけない。自己の利益ではなく我々のことをきちんと見て気にかけてくれる人を選出する必要がある。
中間選挙は大切だ。これまでにないくらいちゃんと投票に参加しよう。

こちらは2022年11月8日に行われた中間選挙の当日に投稿された、ノース・カロライナ州の活動家による選挙への呼びかけです。2020年アメリカ国勢調査によって改定された選挙区で行われた初の選挙で、様々な立場の人が投票を呼び掛けていたこともあり、若者からの注目も集めた年となりました。

Word Pocket

- democracy　民主主義
- take it for granted　当然のことと思う
- elect　選出する
- self-interest　自己の利益
- matter　重要である

#MidtermElection に関連するフレーズ

☐ **The 2022 United States elections were held on November 8, 2022.**

（2022年のアメリカ選挙が2022年11月8日に行われました。）

▶hold ～「〔会・式など〕を催す、開く」

☐ **Midterms take place halfway through a president's term of office.**

（中間選挙は大統領の任期の途中で行われます。）

▶take place「〔事前に計画されたことが〕行われる、開催される」、halfway through ～「～の中間で、途中で」、term of office「任期、在任期間」

☐ **They projected that the Republicans would win the House of Representatives.**

（彼らは共和党が下院で勝つと予測しました。）

▶ project that ～「～だと推測する」

☐ **The Democrats retained control of the Senate.**

（民主党が上院の支配を維持した。）

☐ **He said that the 2024 US elections will be uglier than 2020.**

（彼は2024年のアメリカ選挙が2020年よりやっかいなものになるだろうと言った。）

▶uglyには「醜い」という意味のほかに「険悪な、やっかいな」という意味もあります。また、比較級→最上級はuglier→ugliestとなります。

☐ **This was the first midterm election where Generation Z was able to vote in numbers.**

（今回はZ世代が大勢投票できた初めての中間選挙だった。）

▶Generation Z「Z世代」、in numbers「多数で、大勢で」

☐ **My mother had some doubts about the election outcome.**

（私の母は選挙結果について少々疑問を持っていました。）

▶doubt「疑い、疑念」

☐ **Nearly 17 billion dollars were spent on the 2022 elections, making them the most expensive midterms ever.**

（2022年の選挙では170億ドル近くが使われ、これまでで最も費用のかかる中間選挙になりました。）

▶ever「かつて、これまでに」

☐ **Who do you think will win the presidential election?**

（大統領選挙では誰が勝つと思いますか？）

▶presidential election「大統領選挙」

☐ **Many people were predicting a red wave, but that didn't happen.**

（多くの人がレッド・ウェーブを予測していたが、そうはならなかった。）

▶predict ～「～を予言する、予測する」、red wave「赤い波＝（共和党のイメージカラーの赤をとって）共和党の圧勝」

今どきのロマンティックな英語表現

愛情は言葉や文字で表現することもできますが、「文字ベース」のコミュニケーションツールでは、ロマンティックな表現がいたるところにあり、新たな形も次々と登場しています。ロマンティックな表現の「今」が垣間見える3つの表現を一緒に学んでいきましょう。

☐ **I think I'm finally going to text the girl I've had a crush on for years... wish me luck!**

何年も夢中になっていた女の子についに連絡しようかなと思う…幸運を祈ってて!

crushには基本的に2つの意味があります。ひとつは、缶などを「潰す」こと。もう1つは、離れたところから「あの人のことが好き」と想うこと、つまり誰かに「気があること」です。また、crushを使うときの基本的なパターンは「have a crush on ＋人」です。

☐ **Every moment with my bae is like being in heaven...**

恋人と一緒にいるときはずっと天国にいる気分…

英語では、「愛する人」の愛称が山ほどあります。Darling、honey、sweetieなどを見たり聞いたりしたことがあるでしょう。しかし、ほかにもまだまだ多くのバリエーションがあり、しかもはやり廃りが激しいワードです。特に1950年代からはやったのがbabyで、後にbabeに変形しました。そして最近、babeがさらに進化し、新たなバージョンが使われています。「ベイ」と発音するbaeは、男女を問わず使うことができます。

meet-cute

かわいい出会い

I just reached for the same book as a cute guy in the library... feels like a meet-cute to me!
いま図書館で、イケメンと同じ本に同じタイミングで手を伸ばした
…恋の始まり確定じゃない？

 meet-cuteは、かわいい人に会うことではなく、「かわいい出会い」ということです。ラブコメによくある運命的な出会い、その瞬間がmeet-cuteです。meet-cuteがあれば、二人が最終的に恋に落ちるのは間違いなし。ドラマや映画にmeet-cuteという単語がよく使われますが、実際の恋人との出会いについても使うことがあります。

06 #ExploreJapan

桜並木や富士山、日本の食文化など、ジャスティン・ビーバーやリル・ナズ・Xも注目している日本の魅力を伝えるハッシュタグです。

#ExploreJapanというハッシュタグをつけて、外国人観光客が日本の写真をアップする投稿が増えています。Explore Japanは直訳すると「日本を探索する」となり、同名のInstagramアカウントのフォロワーは20万人以上にも上ります。桜並木や日本独自の食文化、伝統的な風景などがよく取り上げられ、綺麗な写真とともに投稿されています。海外アーティストのジャスティン・ビーバーやラッパーのリル・ナズ・X、TikTokerのアディソン・レイなどの海外インフルエンサーが投稿するExplore Japanの投稿がたびたび注目され、日本の魅力が世界中に広がっています。

Traveling Across Borders
@TravelingAcross · 2023年10月13日

Discover the elegance of kimono-clad geishas, the serenity of Zen gardens, and the thrill of trying street food at bustling markets. Japan offers an enchanting blend of old and new, where every dish and heritage site tells a unique story.

#ExploreJapan #FoodieAdventures

 訳

着物をまとった芸者の優雅さ、禅庭の静けさ、そしてにぎやかな市場で屋台の食べ物を試すスリルを見つけに行こう。日本では古さと新しさの魅力的な融合を見ることができ、すべての料理と文化遺跡がほかにはない物語を語りかける場所だ。

日本を訪れる外国人観光客にとって日本の街並みに溶け込む和の文化は魅力的に映り、コロナ禍以前は観光者数が年々増加していました。SNSでは日本を訪れた外国人観光客が神社仏閣や桜並木、和食の写真を投稿している様子を目にすることができます。

Word Pocket

● elegance	優雅さ	● bustling	活気のある／にぎわっている
● clad	着た／まとった	● enchanting	魅力的な
● serenity	静けさ	● blend of〜	〜の融合

Rob Dyer | The Real Japan
@TheRealJapan1・2018年7月10日

10 Challenging Japanese Foods
If you thought that #natto (fermented bean curd) was the only '#unusual' #Japanese #food out there, think again! Why not give one of these a go on your next trip to Japan?
#challenging #Japan #travel #foodie #TheRealJapan

訳　挑戦すべき日本食10選
納豆（豆腐を発酵させたもの）だけが世の中にある「めずらしい」日本食だと思ったら、甘いですよ。次回日本へ旅行する際にこれらの１つを試してみたらどうでしょうか？

世界の人々に人気の日本食といえば寿司や天ぷらですが、ほかにも珍しい日本食を楽しむ外国人観光客の姿が見られます。納豆はその代表ですが、ほかにも魚の干物やずんだもちなど、海外にはなかなか見られない日本食に挑戦して感想をSNSに投稿しています。

Word Pocket

● challenging	挑戦しがいのある	● unusual	独特な／めずらしい
● fermented	発酵した	● think again	考え直す
● bean curd	豆腐	● give ～ a go	～をやってみる

Paprika Girl
@PaprikaGirl_JP · 2019年6月26日

I just want to point out the awesomeness of highway rest stops in Japan. Automated panel telling you which stalls are free, a changing / powder room, real flowers, and fish. Now THIS is omotenashi.

#japan #travel #expressway

訳 日本の高速道路のパーキングエリアのすごさをちょっと紹介させてください。どの個室が空いているかを自動で表示するパネル、更衣室／化粧室、本物の花、そして魚。これぞおもてなし。

2013年、IOC（国際オリンピック委員会）でアナウンサーの滝川クリステルさんが「おもてなし」と発言したことから、この言葉が世界に広まりました。外国人観光客は日本のOMOTENASHI文化を見つけてはSNSに投稿しています。

Word Pocket

● point out ~	〜に注目させる	● automated	自動化された
● awesomeness	すごさ	● stall	（トイレなどの）個室
● rest stop	休憩施設	● powder room	化粧室

#ExploreJapan に関連するフレーズ

☐ Morioka City ranked second on the New York Times' "52 Places to Go in 2023" list.

（盛岡市はニューヨーク・タイムズ紙の「2023年に行くべき52の都市」リストで第2位になりました。）

▶rank second「2位として位置する」

☐ The ecotour I went on with my family in Okinawa was both fun and educational.

（沖縄で家族と一緒に行ったエコツアーは楽しくてためになるものだった。）

☐ I bet most Japanese don't know about a martial arts dojo in Chiba, attracting lots of foreigners from around the world.

（ほとんどの日本人は、世界中から多くの外国人が集まる千葉の武術道場のことを知らないに違いない。）

▶bet (that) 〜 「〜だと断言する」、martial arts「格闘技、武術」

☐ My friends from the States were most impressed by our toilets and how clean it was EVERYWHERE.

（アメリカから来た私の友人が最も感動していたのはトイレと、どこに行ってもきれいだったことだ。）

☐ If you're in Osaka, you don't want to miss this shop's Takoyaki. It's a must-eat.

（大阪に来たらこの店のたこ焼きは外せないよ。絶対食べてね。）

☐ If you want to immerse yourself in otaku culture of manga, anime, games, cosplay and so on, Akihabara is the place to go!

（漫画、アニメ、ゲーム、コスプレそのほかのオタク文化にどっぷり浸りたいなら、秋葉原に行かないと！）

▶immerse oneself in ～「〔趣味など〕にふける、存分に楽しむ」

☐ One of the things that really amaze foreign tourists in Japan is that you're very likely to find what you lose.

（日本を旅行する外国人観光客がとても驚くことの1つは失くしたものが見つかる可能性が非常に高いことだ。）

▶amaze ～「～を驚かせる」、likely to ～「～しそうである」

☐ Tourist spots like Shirakawa-go and Oshino Hakkai are literally packed with foreigners, making you feel like you're in a foreign country.

（白川郷や忍野八海などの観光地は外国人で文字通りすし詰めの状態で、外国にいるような気分になります。）

▶tourist spots「観光地」、packed「すし詰めの、混み合った」

☐ Spending time in rented kimono in places like Kyoto and Asakusa has become a thing for tourists.

（京都や浅草などでレンタル着物を着て過ごすことが観光客の間ではやっています。）

▶thing「流行（のもの）」

07 #BlackLivesMatter

アメリカ発祥の黒人に対する不当な暴力への抵抗運動のこと。2020年に起きたジョージ・フロイド事件をきっかけに世界中に広まりました。

#BlackLivesMatterとは黒人に対する人種差別や暴力の撤廃を訴える社会運動の総称で、「黒人の命も大事」と訳されます。特に、白人警官による無抵抗な黒人への暴力や殺害、人種による犯罪者に対する不平等な取り扱いへの不満を訴えています。2020年5月、偽ドル札使用の疑いで黒人男性が白人警察によって頸部を膝で強く押さえつけられ、約8分の拘束の末に命を落とした事件が起きました。その一部始終をとらえた動画が拡散され、それをきっかけとしてこの運動が全米に広がりました。

Merlita Kennedy
@MerlitaK · 2020年6月8日

#BlackLivesMatter Such a peaceful and poignant moment, dead silence with many people kneeling outside the American Embassy, Sandton South Africa.

訳

なんて平和で胸を打つ瞬間だろう、南アフリカのサントンにあるアメリカ大使館の外で多くの人々がひざまずいて黙祷しており、静寂に包まれている。

#BlackLivesMatterが広まるきっかけとなった2020年5月の事件を受け、被害者であるアフリカ系アメリカ人のジョージ・フロイドさんに対して南アフリカの人々が黙祷をささげている様子をとらえたものです。同時期に世界各地で黙祷や抗議活動が起き、SNSでもその様子が活発に発信されました。

Word Pocket

● peaceful	平和な	● dead silence	完全な沈黙
● poignant	感動的な／胸を打つ	● kneeling	膝をつく
● moment	瞬間	● Embassy	大使館

Samuel Ofori
@S_ofori_photos · 2020年6月2日

We march for a reason. We march to make change. We march so that we can start the process in making a better future for us and future generations!!
#protest #PoliceBrutality #EnoughIsEnough #change #march #BLM #BLACKLIVESMATTER

 訳　私たちは理由があって行進しています。私たちは変化をもたらすために行進します。私たちは自分たちとこれからの世代の人たちのために、より良い未来を築く作業を始められるように行進するのです。

ジョージ・フロイド事件の翌月、2020年6月には世界各国で抗議活動、行進が行われました。6月14日には東京・渋谷区でもデモが行われ、主催団体によると約3500人の参加者らが行進しました。デモ隊は「Black Lives Matter」「No Justice, No Peace（正義が無ければ平和はない）」「I Can't Breathe（息ができない）」と唱えながら行進し、差別の撤廃を訴えました。

 Word Pocket

● march	デモ行進する	● process	過程
● for a reason	理由がある	● better future	より良い未来
● so that	〜できるように	● generation	世代

Marine Florists
@marineflorists · 2023年6月20日

Today we celebrate the liberation of Black lives and the triumph of freedom over oppression. Happy Juneteenth, may our journey towards equality continue! #Juneteenth #BlackLivesMatte. #blackhistorymonth #humanrights

訳 今日は黒人の命の解放と迫害に対する自由の勝利を祝います。奴隷解放記念日おめでとう、平等を目指す私たちの旅が続きますように。

1865年6月19日に、南米戦争が終結し、連邦政府の軍がテキサスに到着。それまで奴隷身分とされてきたすべての人々は自由であると通知されました。アメリカのジョー・バイデン大統領は2021年にこの日を新たに「奴隷解放記念日」として連邦祝日とする法案に署名しました。奴隷解放記念日は6月19日を表す「June nineteenth」から「Juneteenth」と呼ばれています。

Word Pocket

- liberation　解放
- triumph　勝利
- freedom　自由
- oppression　迫害
- journey　旅
- equality　平等

#BlackLivesMatterに関連するフレーズ

☐ Black Lives Matter is now a global movement.
（Black Lives Matterは今や世界的な運動です。）

☐ BLM activists believe that Black people are treated unfairly in society.

（BLM活動家は黒人が社会で不当な扱いを受けていると考えています。）

▶Black Lives MatterはBLMと略します。 activist「（政治・社会変革を目指す）活動家」、treat ～ 「～を扱う、待遇する」、unfairly「不当に」

☐ She felt she was discriminated against based on her race.

（彼女は人種が原因で差別されていると感じました。）

▶discriminate against ～「～を差別する」、based on ～「～に基づいて」、race「人種、民族」

☐ They demand that the lives and humanity of Black people be valued.

（彼らは黒人の命と人間性が尊重されるよう要求しています。）

▶demand that ～ 「～であるように要求する」、humanity「人間性」、value ～ 「～を尊重する」

☐ I went to a BLM rally with my friends.
（BLMの集会に友達と行ってきたんだ。）

▶rally「集会」

☐ **We must fight against any kind of racism.**

（私たちはいかなる人種差別とも闘わねばなりません。）

▶racism「人種差別」

☐ **Discrimination on the basis of color is prohibited by law.**

（肌の色に基づいた差別は法律で禁じられています。）

▶discrimination「差別」（discriminateの名詞形）、on the basis of ～「～に基づいて」、prohibit ～「～を禁止する（通例受け身）」

☐ **You can support Black-owned businesses, for example.**

（例えば黒人が経営者の会社を応援することはできるよね。）

▶for exampleは文頭だけでなく文中や文末に置くこともできます。

☐ **We're also protesting against police brutality.**

（我々は警察の残虐行為についても抗議しています。）

▶protest against ～「～に対して抗議する」、brutality「残忍性、残虐行為」

☐ **The black Lives Matter movement changed the way people think about race.**

（Black Lives Matter運動は人々の人種に対する考え方を変えました。）

08 # Hygge

デンマーク語で「居心地の良い」という意味で、おうち時間を豊かに過ごすために世界中に広まった言葉です。

#Hyggeとは「居心地の良い空間や時間」という意味のデンマーク語です。北欧の人たちには長く厳しい冬を家の中で快適に過ごすための知恵や文化が自然と根付いていきました。コロナ禍でおうち時間を過ごす世界中の人々が、こだわりのインテリアや自作のスイーツ、自分だけのくつろぎ空間を#Hyggeとともに投稿し、北欧のライフスタイルが世界中で話題になりました。北欧各国は幸福度が高いということでも知られており、家にいながらも豊かで居心地の良い暮らしをするためのヒントが、このヒュッゲという言葉に詰まっています。

Mauro Toselli
@xLontrax・2023年6月10日

Not just "things to try"
Uitwaaien, Hygge and Fika are
concepts, ways to enjoy life plenty
and to take care of yourself.
#uitwaaien #hygge #fika

> 訳　アウトワーイエン、ヒュッゲとフィーカは、ちょっと「試してみるもの」ではなく生活を十分に楽しむ、そして自分自身を大切にしながら生きるための概念や方法のことです。

「ヒュッゲ」はデンマーク語ですが、同じ北欧のオランダには「アウトワーイエン」、スウェーデンには「フィーカ」という言葉があります。どれも「日常の中に作る、一息つく時間」のことを指す言葉で、北欧の人々の文化や考え方がよく表れている言葉です。

Word Pocket

● plenty	十分に	● relax	リラックスする
● concept	概念	● mind	考え方
● comfortable	心地よい		

BookishSam71
@SamSch1971 · 2023年1月4日

I am completely on board with the hygge mantra. Having a safe space to relax, both alone and with my family, is so important to me. Soft lighting, cosy blankets, fragrant candles. And a book, of course.
#hygge #home #cosy

 ヒュッゲの信念に全面的に賛同します。ひとりで、あるいは家族と一緒にくつろぐための安全な場所があることは私にとってとても大切。やわらかな照明、心地の良い毛布、香りつきのキャンドル。そしてもちろん、本。

ヒュッゲという言葉が知られるようになり、世界各国の人々が自分の考える「ヒュッゲ」の条件を投稿するようになりました。家族と過ごしたり一人で過ごしたり、音楽を聴いたり本を読んだりと、家で過ごす心地の良い時間を作る工夫が世界中から集まっています。

Word Pocket

● completely	全面的に	● lighting	照明
● on board	賛同して	● cosy=cozy	居心地が良い
● mantra	信念／スローガン	● fragrant	香りの良い

Real Christmas Tree Farm
@RealChristmasT · 2018年11月23日

There's nothing quite like cosying up by the fire. Ramp up the #Hygge with our logs for your fire or wood burner.
#RealChristmasTreeFarm #WoodBurner #CosyChristmas #FestiveSpirit #Sustainability

訳　火のそばでくつろぐことほどいいものはほかにないですよね。わが社のまきをご自宅の暖炉やまきストーブに使って、ヒュッゲの雰囲気を盛り上げてください。

デンマークではまきストーブの普及率が50%近くあり、直接まきを燃やして部屋を暖めます。まきを投入して火力を調整するため電気ストーブに比べると手間も時間もかかりますが、その手間こそがゆったりしたヒュッゲの時間を過ごす秘訣と考えられています。

Word Pocket

- there's nothing like　〜ほどいいものはない
- ramp up　増やす　　　　● wood burner　まきストーブ
- log　丸太／まき

#Hygge に関連するフレーズ

☐ **Hygge is a fundamental part of Danish culture.**
（ヒュッゲはデンマーク文化にとってなくてはならないものだ。）
▶fundamental「基本的な、根本的な」、Danish「デンマークの、デンマーク人〔語〕の」

☐ **The fact that Denmark regularly ranks as one of the happiest countries in the world helped the concept of hygge become widely known.**
（デンマークが世界の最も幸福な国ランキングで常に上位を占めることは、ヒュッゲの概念が広く知られるようになるのに一役買った。）
▶concept「概念」

☐ **While hygge is often associated with winter, it's actually something that can be enjoyed all year round.**
（ヒュッゲはしばしば冬と関連づけられるが、実は一年を通して楽しめるものだ。）
▶associate ～ with … 「～と…を結び付けて考える、～で…を連想する」

☐ **I'm going to catch up on my reading today, with a nice cup of tea.**
（今日はおいしいお茶を飲みながら、読書の遅れを取り戻そう。）
▶catch up「〔仕事・睡眠などの〕不足〔遅れ〕を取り戻す」

☐ **He said that candles are a must when incorporating hygge decor.**
（ヒュッゲ的な装飾を取り入れるのにキャンドルは必須だと彼は言った。）

☐ **Having fluffy pillows and soft blankets on your couch can also help to createa a hygge atmosphere.**

（ソファーにふかふかのクッションや柔らかい毛布を置いておくのもヒュッゲな雰囲気を作り出すのに役立ちます。）

▶fluffy「〔感触が〕軽くてふわふわした」、atmosphere「雰囲気」

☐ **My kids decided to spend the day snuggling up on the sofa since it was a snow day.**

（大雪で学校が休校になったので、私の子どもたちはソファーで横になって一日を過ごすことにした。）

▶snuggle「心地よく横たわる」、snow day「大雪による休校〔休業〕日」

☐ **After a busy week, I went on a picnic with my friends and we got to spend some quality time together.**

（忙しい週のあとは友だちとピクニックに行って一緒に充実した時間を過ごすことができました。）

▶quality time「充実した時間」《家族や親しい人と過ごすなどの最も楽しく価値のある時間》

☐ **Although there are many suggestions for embracing hygge, there are no rules, so you can do whatever makes you comfortable and happy.**

（ヒュッゲを取り入れるための提案はたくさんあるが、決まりはないので、自分が心地よく幸せになるなら何でもしていい。）

▶suggestion「提案、提唱」、embrace ～「〔主義・思想など〕を取り入れる」

09 #IndependenceDay

7月4日、アメリカの独立記念日。1776年のこの日に、独立宣言が承認されてアメリカ合衆国が誕生しました。

#IndependenceDayは7月4日、アメリカの独立記念日を指す言葉です。1776年7月4日に行われた大陸会議で独立宣言が承認されてイギリスとのつながりを断ち切り、正式に独立国家としてアメリカ合衆国が誕生しました。独立記念日には全米各地で花火が打ち上げられ、国全体がお祝いムードに包まれます。特にニューヨークのエンパイア・ステート・ビルディングでは何万発もの花火を打ち上げ、盛大にアメリカの独立を祝います。SNSも花火の写真や星条旗の写真にあふれ、アメリカ国民の愛国心がうかがえる日です。

Timothy Sykes
@timothysykes · 2021年7月4日

Happppppppppppy Independence Day! The big question is what will you do with all your freedom? Will you maximize it or waste it like too many people do?! #Happy4th #IndependenceDay #HappyJuly4th

訳 独立記念日おめでとーーー！問題は大きな自由を得てどうするか、だ。それを最大限いかすのか、それとも、あまりにも多くの人がしているようにむだにするのか！？

投稿者のティモシー・サイクスさんはアメリカの起業家、株式トレーダーです。この日、7月4日にはアメリカの様々な人からお祝いの声が投稿されます。独立記念日とはアメリカがイギリスの支配から脱して自由を獲得したことを祝う日であり、自由の国アメリカと言われるきっかけになった日です。

Word Pocket

● independent	独立した	● freedom	自由
● maximize	最大化する	● dependence	依存
● waste	むだにする		

Dan Martland
@DanTVusa · 2020年7月5日

Pretty epic night. From gorgeous colors at sunset... to a nice bright full moon... and all topped off with 4th July fireworks off the Empire State Building.

訳 かなりすごい夜。見事な夕焼けの色から…輝いている満月まで。そしてエンパイアステートビルからの7月4日の花火がすべてをしめくくった。

独立記念日当日には、ルイジアナ州のニューオーリンズやマサチューセッツ州のボストンなど、アメリカ各地で花火大会が行われます。中でもニューヨークのエンパイア・ステート・ビルディングの花火は盛大で、星条旗色にライトアップされたビルとともに映る花火の写真がSNSに投稿されます。

Word Pocket

● pretty	かなり／相当	● bright	輝いている
● epic	素晴らしい／最高の	● full moon	満月
● gorgeous	見事な	● top off with 〜	〜でしめくくる

President Biden
@POTUS · 2021年7月5日

Over the past year, we have lived through some of our darkest days. Now, I truly believe we are about to see our brightest future.

 この1年、私たちは最も大変な時期の1つを乗り越えてきました。今、私たちは最も明るい未来を見ようとしているのだと私は心から思います。

2021年独立記念日の翌日にアメリカのジョー・バイデン大統領が投稿したコメントです。投稿にはホワイトハウスから撮影された花火の写真が添えられています。同年3月には「今年の独立記念日はコロナウイルスからの独立を記念する日にもなるだろう」という宣言もしており、彼にとっては例年以上に重要な日となりました。

Word Pocket

- live through　乗り越える
- darkest　最も暗い
- about to　まさに〜しようとしている
- brightest　最も明るい
- overcome　乗り越える
- get over　乗り越える

#IndependenceDay に関連するフレーズ

☐ **So, how will you be spending the Fourth of July?**
（で、7月4日はどう過ごす予定？）

▶the Fourth of July「アメリカの独立記念日」

☐ **The Fourth of July has been a federal holiday in the US since 1870.**
（7月4日は1870年以来、アメリカの連邦祝日となっています。）

▶federal「連邦（制）の」
アメリカには連邦政府が定める全国共通のfederal holidaysと各州の政府が独自に定めるstate holidaysがあります。

☐ **The Declaration of Independence was drafted by Thomas Jefferson.**
（独立宣言はトーマス・ジェファーソンによって起草された。）

▶declaration「（特に政府・組織による）宣言（文）、発表（文）」、draft ~「~の下書きを書く、~を起草する」
the Declaration of Independence「アメリカの独立宣言（書）」

☐ **When does the Independence Day concert start?**
（独立記念日のコンサートはいつ始まりますか？）

☐ **Last year, our family traveled all the way to Washington, D.C. to see the Independence Day parade.**
（昨年、私たち家族は独立記念日パレードを見るためにはるばるワシントンD.C.まで旅しました。）

☐ This is one of the best places to watch Independence Day fireworks.

（ここは独立記念日の花火を見るのに最高の場所の1つです。）

☐ *Born on the Fourth of July* is a book that later became a movie starring Tom Cruise.

（『7月4日に生まれて』は後にトム・クルーズ主演の映画になった本だ。）

▶star ～「〔映画などが〕〔俳優など〕を主演させる」

☐ I saw your post on your Independence Day dinner. It looked really good!

（独立記念日の夕食の投稿見たよ。すごくおいしそうだった！）

▶post「〔インターネット・電子掲示板などへの〕投稿メッセージ」

☐ Without the Founding Fathers, there would be no United States of America.

（建国の父がいなければ、アメリカ合衆国は存在しないだろう。）

▶founding「創設者、創始者」
the Founding Fathers「アメリカ合衆国建国の父」アメリカの独立および憲法制定に大きく寄与した指導者たちを指します。

☐ Here are some decoration ideas for Independence Day.

（独立記念日の飾りつけのためのアイデアを紹介しますね。）

10 #BTS

BTSは2020年にリリースされた『Dynamite』で57年ぶりにアジア人として米ビルボードヒットチャート第1位を獲得しました。

#BTSとは、2013年にデビューした韓国の7人組男性アイドル。圧倒的なダンスパフォーマンスや作詞作曲も自ら行う実力派のグループで、2020年にリリースされた『Dynamite』は大ヒットし、2023年現在MVの総再生数は17億回を突破しています。この曲をきっかけに世界中でBTSの熱狂的なファンダムが増え、それにともなって彼らの動向が注目されるようになりました。BTSは国連総会でスピーチをし、若者や子どもたちに向けてエールを送るなど、自身の発信力をいかした社会貢献活動を積極的に行っています。

BTS Charts Daily
@btschartsdailyc · 2023年6月15日

[NEWS] #BTS is estimated to have generated economic effects worth 41.86 TRILLION won ($32.6 billion) over the past decade.BTS is also attracting around 800k foreign tourists to Korea each year and is also estimated to stimulate 5 TRILLION won in spending each year.

> 訳　[ニュース情報]BTSは過去10年間に41.86兆ウォン（326億ドル）相当の経済効果を生み出したと推定されている。
> BTSはまた毎年約80万人の外国人観光客を韓国に誘致し、毎年5兆ウォンの支出を促しているとも推定されている。

BTSの経済効果は絶大で、彼らの成功により、韓国のエンタメ産業は世界的に注目されました。BTSのアルバムやコンサートは、観光業や商品販売を含む多岐にわたる分野で経済的な波及効果を生み出しています。グループのメンバーは広告やファッション界でも活躍し、その存在は韓国ブランドの向上に貢献しています。

Word Pocket

● estimated to ~	～と推定される	● past decade	過去10年
● generate	（収益など）を生む	● attract	呼び込む
● worth ~	～相当の	● stimulate	促す

#BTSに関連するフレーズ

☐ **BTS is short for "Bangtan Sonyeondan," but their initials also mean "Beyond The Scene."**

（BTSは「Bangtan Sonyeondan」を短くしたものだが、頭文字には「Beyond The Scene」という意味もある。）

▶short for 〜「〜の省略[短縮]（形）で」、mean 〜「〜を意味する」
2017年に新しいブランドイメージとしてロゴを変更するとともに、直面している現実を越えて前に進むという意味のBeyond The Sceneが付け加えられたそうです。

☐ **The speech RM delivered at the UN General Assembly in 2018 was so emotional and encouraging.**

（2018年に国連総会でRMがした演説はとても感動的で勇気づけられるものだった。）

▶deliver 〜「〔演説など〕をする」、emotional「感動的な」、encouraging「激励の、勇気づける」

☐ **BTS fans are called ARMY, which is an acronym for "Adorable Representative M.C. for Youth."**

（BTSのファンはARMYと呼ばれており、それは「若者を代表する魅力的なMC」という言葉の頭字語です。）

▶acronym「頭字語」《各語の頭字を組み合わせて作った語》、adorable「愛らしい、魅力的な」、representative「代表〔者〕」、youth「若い人、若者」

☐ **I remember my sister who's a huge BTS fan, being pretty upset when she heard they're taking a hiatus.**

（私の妹はBTSの大ファンで、活動を休止すると聞いてかなりショックを受けていたっけ。）

▶pretty「かなり、相当」、upset「動揺する」、hiatus「〔活動などの〕休止」《発音注意》

☐ **BTS became the first active musicians to be featured on stamps issued by South Korea.**

（BTSは韓国が発行する切手で特集される最初の現役ミュージシャンとなった。）

▶active「現役の」、feature 〜「〜を特集する」、issue 〜「〔切手など〕を発行する」

☐ **There was some talk of BTS members being exempted from military service.**

（BTSメンバーの兵役免除についてうわさがたった。）

▶exempt 〜 from ...「〜を…から免除する」、military service「兵役」

☐ **Some fans made posts on social media with crying face emojis, as members of BTS were announced to start their enlistment process.**

（BTSのメンバーが入隊手続きを始めることが発表されると、SNSに泣き顔の絵文字つきの投稿をするファンもいた。）

▶crying face「泣き顔」、emoji「絵文字」、enlistment「入隊」

☐ **In 2022, BTS earned the Guinness World Record title for most followers on Instagram for a music group, reaching more than 60 million followers.**

（2022年、BTSのインスタグラムのフォロワー数は6,000万人以上に達し、インスタグラムのフォロワー数1位の音楽グループというギネス世界記録の称号を獲得しました。）

▶earn 〜「〜を獲得する」、title「称号」、reach 〜「〜に達する、届く」

SNSで見かける省略表現

SNSは生き物のように日々進化していて、言葉の発展を目撃するのに最適な場所です。古い単語の新たな使い方や全く新しい単語に加えて、文字数に制限があるSNSだからこそ、省略表現もよく出てきます。今回は、SNSで最近人気の3つの略語をご紹介します。

☐ **TFW you wake up from a good dream and realize it wasn't real...**

いい夢から起きて、現実じゃなかったって気づくときの気持ち…

TFWは、that feeling whenまたはthat feel when（〜するときの気持ち）を表しています。みんなと共有したいエピソードがあるとき、幸せな気持ち・嫌な気持ちになったときなど、「読んでいる人に、その時の気持ちを共感してもらいたい」ときにTFWを使って、「〜なときのこの気持ち、わかるよね？」ということを表現できます。TFWの基本的なパターンは「TFW + SV」です。

☐ **I wanna hang out with you but I'm busy atm. Sorry!**

君と遊びたいんだけど、今忙しくて…ごめん！

atmは、at the momentの略語で、「今のところ」という意味です。会話でもよく使う表現ですが、SNSやメールではこの略語をよく見かけます。大文字で使うと、銀行のATMと間違えてしまうこともあるので注意が必要かもしれません。

SMH (shaking my head)

首を横に振っている

> **Ketchup on my dress shirt again... SMH.**
> またシャツにケチャップが…まじかよ。

 SMHは、shaking my head（首を横に振っている）の頭文字です。「首を横に振る」のは、人が「ひどい」「不公平だ」または「あきれた」と思ったときに自然と出る仕草です。SNSではそういった嘆かわしい状況を伝える投稿で、SMHの3文字でその気持ちを表すことがよくあります。

#FunScience

子どもたちが科学に苦手意識を持たないように、楽しく科学を学ぶコンテンツが注目されています。

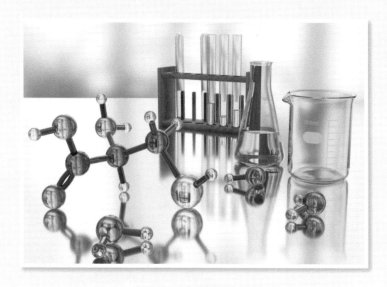

#FunScienceは日本語にすると「楽しい科学」です。科学は私たちの生活には欠かせないものである一方で、苦手意識を感じる人もたくさんいます。そこで、子どもはもちろん、大人もサイエンスを楽しく学ぶというムーブメントが世界中で起こり、科学に関する言葉が注目されています。例えば#STEAMというハッシュタグはScience（科学）、Technology（科学技術）、Arts（芸術・一般教養）、Engineering（工学）、Mathematics（数学）の頭文字であり、IT社会に必要な能力を養うための教育を指しています。SNSでもSTEAMを楽しく学べるコンテンツが多く共有されています。

Alessia Piras
@AlessiaPiras31 · 2022年8月1日

Children are inherently curious, and their early experiences may shape growth and development. Fun science experiments at this age may help foster a scientific spirit.
Try this fun science experiment with your child!

#funscience #education #kids

訳 子どもというのは生まれつき好奇心が旺盛であり、幼少期の経験が成長と発達の方向性を決める可能性があります。この年齢で楽しい科学実験をすることは科学的な気質を育むのに役立つかもしれません。
お子さんと一緒にこの楽しい科学実験を試してみてください。

科学に苦手意識のある子どもに向けて、科学を楽しく学べるSTEAMコンテンツがYouTubeやInstagramに数多くアップロードされています。STEAMコンテンツ専門のチャンネルやアカウントも多く、科学の説明にアニメーションやダンスを取り入れるなど、子どもたちが夢中になる工夫を施しています。

Word Pocket

- inherently 生まれもって
- curious 好奇心が強い
- shape 形作る／方向づける
- growth 成長
- foster 育成する／促進する
- spirit 気質

El Pablo Catering Services
@elpablocatering・2023年8月5日

Did you know?
Apples float in water because 25%
of their volume is made up of air!
#FunFactSaturday #ApplesFloat
#NatureWonders #funfacts
#AppleFacts #WaterWonders
#FunScience #HealthyFacts

 知っていましたか？
リンゴが水に浮くのは体積の25%が空気でで
きているからです。

このように、身近なものをテーマに気軽に自宅で実験して学べ
る投稿も、#FunScienceのハッシュタグをつけられて数多
く寄せられています。#ScienceAtHome（おうちで科学）と
いうハッシュタグがつけられた動画はコロナ禍で注目を集め、
おうち時間を楽しく過ごしながら科学を学べるということで、
TikTokで計38億回以上も再生されています。

Word Pocket

● float	浮く	● area	面積
● volume	体積	● experiment	実験
● be made up of ~	～でできている		

Roundhay School Y5

@RoundhayY5 · 2020年11月18日

Today in science, 5TW learnt that an irreversible chemical reaction takes place when bicarbonate of soda is mixed with vinegar. As a result, carbon dioxide gas is produced which inflates the plastic glove. #materials #welovescience #funscience #bubbles

 訳

今日の理科の授業で5TWのクラスが学んだのは、重炭酸ソーダを酢と混ぜると不可逆な化学反応が起こることです。その結果、二酸化炭素ガスが発生し、ビニール手袋を膨張させます。

#FunScienceの考え方は学校教育にも浸透しています。理科の先生は生徒にただ実験をさせるのではなく、実験そのものを楽しんでもらえるような工夫を重ねており、この投稿はその一例です。五感を通して学んだり、調べながら物を作ることで、生徒たちの創造性や問題解決能力を育むことができます。

Word Pocket

irreversible	復元できない／不可逆の		
chemical reaction	化学反応	vinegar	酢
bicarbonate of soda	重炭酸ソーダ	inflate	膨張させる

#FunScience に関連するフレーズ

☐ The teacher taught her students how to turn heavy
cream into butter by shaking the container with
cream inside for five minutes.

（先生は生徒たちに、生クリームを入れた容器を5分振ることでク
リームをバターに変える方法を教えました。）

▶heavy cream「生クリーム」、container「容器」

☐ I'm into watching wild animals on live cam; there's
so much you can learn, but mostly, it's just fun and
soothing.

（野生動物をライブカメラで見るのにはまってるんだ。多くのことが
学べるけど、なによりただ楽しくて癒されるんだよね。）

▶into ～「～に熱中している、はまっている」、wild「野生の」、soothing「気持ちを落ち着
かせる、慰める」

☐ Making a volcano model using baking soda for a
science fair project is a classic.

（重曹を使って火山の模型を作るのが科学コンテストの定番です。）

▶volcano「火山」、baking soda「重曹」、science fair「《米》科学コンテスト」《科学に関す
るプロジェクトを競い合う行事》、classic「定番」

☐ We have so many movies and TV shows about the
multiverse and parallel universes.

（マルチバースやパラレルワールドがテーマの映画やテレビ番組が
とても多いね。）

▶multiverse「多元的宇宙」《宇宙は1つではなく複数存在しているという概念》

☐ **Do you wanna go to the Girls STEM Summit next year?**

（女子のためのSTEMサミットに来年行ってみない？）

▶STEMは科学（Science）・技術（Technology）・工学（Engineering）・数学（Mathematics）
の４つの教育分野に力を注ぐ教育システムのこと。

☐ **Something exploded during the experiment video. No wonder the guy had said before the experiment, "Don't try this at home."**

（実験動画の途中で何かが破裂した。実験前に彼が「家でやらないように。」と言ったのも無理はない。）

▶exploded「破裂する」、no wonder ～ 「道理で～」
"Don't try this at home."は「良い子はマネしないでね。」のように危険な行為の前に言う決まり文句です。

☐ **The minerals and gems on display at London's Natural History Museum were mesmerizing and inspiring.**

（ロンドン自然史博物館に展示されている鉱物や宝石は魅惑的で刺激的でした。）

▶minerals「鉱物」、natural history「自然史、博物学」、mesmerizing「魅惑的な」、inspiring「触発する、インスピレーションを与える」

☐ **There are many posts about fun science experiments that you can do at home.**

（家でできる楽しい科学実験の投稿がたくさんあります。）

▶experiment「実験」

12 #ClimateChange

地球温暖化による影響で世界各地で異常気象が発生し、大きな被害をもたらしています。異常な暑さや洪水などの水害をSNSを通して知ることができます。

#ClimateChangeとは「気候変動」のこと。2020年、アメリカのデスバレーで気温54.4度を観測。またドイツや中国などで大規模な洪水がニュースとなったり、熱波による山火事が各地で発生するなど、世界各地で異常気象による被害が増えています。2019年9月、国連総会にあわせて開かれた温暖化対策サミットの中で、国連のグテーレス事務総長は、「気候変動はもはや気候危機であり、気候非常事態である」と呼びかけ、各国の動きを加速するよう促しました。#ClimateChangeを通して世界の異常気象を知り、ひとりひとりができることを探していく必要があります。

Asfandiyar Shah IK
@Asfandiyarshah1· 2021年7月30日

Not a scene from a horror movie, much much more frightening than that. This is one of 13 (so far) raging fires across Turkey.
Marmaris, Southern Turkey.
#PrayForTurkey

訳 ホラー映画のワンシーンではなく、それよりももっとずっと怖い。これはトルコ全土で起きた(今のところ)13の猛烈な火災の1つ。南トルコのマルマリスのこと。

2021年トルコのエーゲ海沿岸のリゾート地であるマルマリスで大規模な山火事が発生しました。トルコでの観測史上最も大きな火事であったと欧州環境機関が発表しました。火災の原因は明らかになっていませんが、科学者は気候変動によって熱波が起こりやすくなっていることが原因だと分析しています。

Word Pocket

● scene	場面／シーン	● raging	猛烈な
● frightening	ぞっとするような	● across	横切って
● so far	今までのところ	● Turkey	トルコ

Marina LeClair

@MarinaLeClair · 2021年8月16日

Woah! That was a terrifying experience driving the #coquihalla, just north of Britton Creek. I'm shaking! We made it through just as they were stopping southbound traffic.

#bcwildfires #Kamloops

訳 うわー！ブリトン・クリークのすぐ北にあるコキハラ・ハイウェイを運転するのは恐ろしい体験だった。震えてる。南へ向かう交通をちょうど通行止めにしているときで、私たちはなんとか通り抜けることができた。

自然が豊かなカナダでは近年、山火事が大きな問題となっています。地球温暖化の影響に伴う山火事が世界各地で発生しています。2023年には、北西部のノースウェスト準州でこれまでに東京ドーム3万個分を超える森林が焼失し、多くの市民や観光客が避難を強いられました。

Word Pocket

● terrifying	恐ろしい	● southbound	南行きの
● shake	震える	● traffic	交通
● make it through	なんとか切り抜ける		

Ursula von der Leyen
@vonderleyen · 2023年5月26日

Venice is a world marvel.
But this jewel of Europe's heritage is threatened by climate change.
We can act and preserve it. The New European Bauhaus is showing us the way.

訳 ベネチアは世界の驚異です。しかしこのヨーロッパ遺産の宝物は気候変動の脅威にさらされています。私たちは行動を起こしてそれを保護することができます。「新欧州バウハウス」がその道筋を示してくれます。

「水の都」と呼ばれているイタリアの世界遺産ベネチアは、2019年に街全体が浸水被害にあったり、2023年には干ばつが深刻化したりなど、気候変動による影響を受けています。国際連合教育科学文化機関(ユネスコ)はベネチアを保全が危ぶまれる「危機遺産」に入れるよう勧告しています。

Word Pocket

● marvel	驚異	● threatened by ~	~に脅かされる
● jewel	大切な物	● preserve	保護する
● heritage	遺産	● show the way	道筋を示す

#ClimateChangeに関連するフレーズ

☐ How does climate change affect our planet?
（気候変動は地球にどのような影響を与えていますか？）
▶affect 〜「〜に影響する」

☐ Rapid climate change is a big threat to the Earth's polar regions.
（急速な気候変動は地球の両極にとって大きな脅威だ。）
▶threat「脅威」

☐ Check out the weather forecast for tomorrow, it's crazy.
（明日の天気予報を見てみなよ、異常だから。）
▶check out 〜「〜を調べる、確かめる」

☐ They say "climate change," but it's more like "climate crisis."
（「気候変動」と人は言うが、実感としては「気候危機」だ。）
▶more like 〜「実感としては〜により近い」

☐ Here, we have less rainfall than before.
（ここでは降雨量が以前よりも少ない。）
▶rainにfallをつけるとrainfall「降雨（量）」という意味になります。同じようにsnowにfallをつけるとsnowfall「降雪（量）」を表します。

☐ **Because of temperature change, some insects and animals have migrated farther north.**

（気温変化のせいで、さらに北へ移動した昆虫や動物もある。）

▶ because of 〜「〜が原因で」、migrate「〔動物などが〕移動する、渡る」

☐ **Sea ice is melting, causing the sea level to rise.**

（海氷が溶け、海水面が上昇する原因となっています。）

▶ cause 〜 to ...「〜に…させる」

☐ **Hurricanes and other storms will become stronger.**

（台風やその他の嵐はより激しくなるだろう。）

☐ **As meteorologists, we strive to achieve more accurate forecasts.**

（気象学者として我々はより正確な予報を得ようと努力している。）

▶ meteorologyは「気象学」。さらに長期的な気候特性を研究するのはclimatology「気候学」と言います。
strive to 〜「〜するよう努力する」、achieve 〜「達成する、得る」、accurate「正確な」

☐ **We urgently need to mitigate the effects of climate change.**

（私たちは気候変動の影響を早急に緩和する必要があります。）

▶ urgently「緊急に、至急に」、mitigate 〜「〜を和らげる、軽くする」

13 #RoyalFamily

「王室」を意味する言葉です。最近は自らSNSに投稿するプリンス、プリンセスも増えてきています。

#RoyalFamilyは「王室」を意味します。君主制を取る国の国王及び王族を指す言葉です。天皇制を取る日本の「皇室」は#RoyalFamilyではなく#ImperialFamilyといいます。王族、皇族の結婚や誕生日があると、世界中がこのハッシュタグを用いてSNS上で祝福します。昨今では自らSNSで情報を発信するプリンス、プリンセスが増えており、その投稿はたびたび注目されています。例えばドバイ首長国のハムダン皇太子は、人間ジェット機の飛行テストを行う様子を自身のSNSに投稿し、その姿がまるで「リアルアイアンマン」だと話題になりました。

Gert's Royals

@Gertsroyals · 2023年6月11日

Members of the Luxembourg Royal family vote today in the election. Only the current monarch & spouse refrain from voting. Other members of the Royal family are allowed, they just aren't supposed to share their political opinions publicly.

訳 ルクセンブルク王室の方々が今日、選挙で投票する。現在の国王と配偶者のみ投票を控える。王室のほかの方々は許可されている、政治に対する意見を公の場で話すことが許されていないだけだ。

ルクセンブルクでは、王室の方々が選挙で投票している様子を報じて国民へ投票を促します。自身の政治的立場は明らかにできませんが、国民の義務として投票に参加します。一方、日本の天皇は憲法によって「政治的中立」が求められ、被選挙権や選挙権は認められていません。

Word Pocket

● current	現在の	● refrain from 〜 ing	〜するのを控える
● monarch	君主／国王	● publicly	公に
● spouse	配偶者		

Suhad Talabany
@TalabanySuhad · 2023年6月5日

Congratulations to the Crown Prince of Jordan on his beautiful wedding! The joyous occasion truly reflects the strong bond between the royal family and the Jordanian people. Wishing the newlyweds a lifetime of love, happiness, and prosperity.

訳　すばらしい結婚式に際してヨルダン皇太子にお祝いを申し上げます。この喜びに満ちた出来事はまさに王室とヨルダンの人々の強い絆を表しています。新婚ご夫婦に生涯にわたる愛と幸せと繁栄をお祈りいたします。

2023年6月1日、ヨルダンのフセイン・ビン・アブドラ皇太子がサウジアラビア出身の建築家、ラジワ・アル・サイフさんと結婚式を挙げました。式に他国のロイヤルや首脳など140人が招待され、年内では最大規模のロイヤルウエディングになりました。SNS上でも世界中から祝福の声が届きました。

Word Pocket

joyous	喜びに満ちた	newlyweds	新婚夫婦
reflect	反映する／表す	lifetime	生涯
bond	結びつき／絆	prosperity	繁栄

Suhad Talabany
@TalabanySuhad・2022年4月3日

New York galleries are clamoring to hire Princess Mako, who has a master's degree in art and is a certified curator.
"Art insiders say top New York galleries are already seeking to hire her, given her knowledge and connections in Japan."

> 訳 ニューヨークのギャラリーは美術の修士号と学芸員の資格を持つ眞子様を雇おうと大騒ぎしています。
> 「美術関係の情報筋によれば、彼女の知識と日本とのつながりを考慮して、ニューヨークの大手ギャラリーがすでに彼女を雇おうとしているとのことです。」

日本の元皇族である小室眞子さんは大学時代に学芸員の資格を取得後、イギリスのレスター大・大学院で修士（博物館学）の学位記を受けました。2021年に皇族を離れ、ニューヨークで暮らすことになった眞子さんに大手ギャラリーが注目しており、2022年にはメトロポリタン美術館のホームページに眞子さんによる美術作品解説が掲載されました。

Word Pocket

● clamor	騒ぎ立てる	● certified	資格を持っている
● hire	雇う	● curator	学芸員
● master's degree	修士号	● knowledge	知識

#RoyalFamily に関連するフレーズ

☐ According to the BBC, an average of more than 18 million people watched the coronation of King Charles III in the UK.

（BBCによると、イギリスでは平均で1,800万人以上の人がチャールズ三世の戴冠式を視聴したということです。）

▶ according to ~「〔人の話・調査など〕によれば」、BBC=British Broadcasting Corporation「英国放送協会」、coronation「戴冠（式）」

☐ Do you think the royal family are living at the expense of taxpayers?

（王室は納税者を犠牲にして生活していると思いますか？）

▶ at the expense of ~「~を犠牲にして」、taxpayer「納税者」

☐ Anti-monarchy protesters lined the street and booed, as Charles III headed to the State Opening of Parliament.

（チャールズ三世が国会開会式に向かう際、反君主制の抗議者たちが通りに並び、ブーイングをした。）

▶ anti-monarchy「反君主制の」、boo「ブーイングする」、Parliament「国会」

☐ Catherine, Princess of Wales, is a globally-recognized fashion icon, and items she wore often sell out immediately.

（ウェールズ公妃であるキャサリンは世界が認めたファッション・リーダーであり、彼女が身に着けたものはすぐ売り切れてしまうことがよくあります。）

▶ recognized「社会〔世間〕に認められた」、icon「偶像視される人〔もの〕」

☐ **Being a royal must be tough work.**

（王室の一員でいるのは大変な仕事にちがいない。）

▶must be ~「~にちがいない，きっと~だ」，tough「難しい，骨が折れる」

☐ **Following Sweden, Denmark also carried out some royal downsizing by removing some members from its royal house.**

（スウェーデンに続き、デンマークも王室から何人かを除外することで、王室のスリム化を実行に移しました。）

▶carry out ~「~を遂行する、実行する」、downsizing「小型化、人員削減」、remove ~「〔人〕を解任する」

☐ **Estranged sons of Thailand's King surprised everyone by visiting the country for the first time in three decades, but the palace hasn't released any official information on their visit.**

（タイ国王と疎遠になっていた息子たちが30年ぶりに国を訪れて皆を驚かせたが、その訪問について王室は公式な情報を発表していない。）

▶estranged「〔親戚などと〕疎遠になって」、decade「10年間」

☐ **Japan's former princess Mako made the headlines when she married her college sweetheart and moved to the U.S.**

（日本の元内親王である眞子さんが学生時代の恋人と結婚してアメリカに移ったときは大きなニュースになりました。）

▶make the headlines「（新聞・テレビなどで）大きく報じられる」

14 #UFO

今までフェイクや見間違いとされてきたUFOの映像ですが、2020年4月にアメリカ国防総省が映像を公式に認めました。

#UFOとは、Unidentified Flying Object（未確認飛行物体）の頭文字をとった言葉です。1947年、アメリカの実業家であるケネス・アーノルドが目撃報告をしたときに初めてUFOという言葉が使われました。日本では「ユーフォー」と発音されることが多いですが、英語話者は「ユー・エフ・オー」と発音します。また、最近ではUnidentified Aerial Phenomenon（未確認航空現象）の頭文字をとって「UAP」と呼ばれることも増えています。UFO、UAPに関する多くの映像はフェイクや見間違いとされてきましたが、2020年4月にアメリカ国防総省がUFOの映る映像の一部を公式に認めました。

Jeremy Kenyon Lockyer Corbell
@JeremyCorbell・2021年4月9日

May 1st 2020 a classified briefing was generated about the UFO / UAP presence via the Office of Naval Intelligence. I was able to obtain information regarding these & other UAP related briefings - as well as - unclassified slides & some intriguing military captured UAP footage.

> 訳　2020年5月1日、UFO／UAPの存在に関する極秘の打ち合わせが米海軍情報局によって行われた。私はこれらやほかのUAP関連の打ち合わせに関する情報と、機密扱いではないスライドや軍によって撮影された興味深いUAP映像を入手することができた。

投稿者のジェレミー・ケニオン・ロックヤー・コーベルさんは、映画監督であり、UFO学者としても知られています。こちらの投稿で取り上げられているピラミッド型UFOの画像は米海軍によって撮影されたもので、2021年4月にアメリカ国防総省が新たに公式に認めました。

Word Pocket

● classified	極秘［機密］扱いの	● presence	存在
● briefing	打ち合わせ	● obtain	手に入れる
● intriguing	興味深い		

Mutual UFO Network

@mufon · 2023年8月14日

More than a year since the Pentagon launched an office to investigate UFO sightings, there is still no hotline for pilots and others to report mysterious objects directly to the investigators.

訳 ペンタゴンがUFOの目撃情報を調査するための部署を新設してから1年以上経つが、パイロットなどが不可解な物体について調査官に直接報告するためのホットラインはいまだにない。

こちらを投稿したのはMutual UFO Network（相互UFOネットワーク）の公式アカウント。UFO 目撃情報を研究するアメリカの非営利団体です。アメリカ国防総省は、2023年に一般向けにUFOの情報を提供するサイトを立ち上げ、海軍パイロットが撮影したUFOと思われる画像を公開しました。また、一般の人々がUFO・UAPの情報を提供できる窓口の開設も進めています。

Word Pocket

● Pentagon	米国国防総省（の建物）	● sighting	目撃（例）
● launch	立ち上げる／設立する	● hotline	緊急用直通電話（線）
● investigate	調査する	● directly	直接に

Strange and Unexplained with Daisy Eagan
@snupod · 2021年6月23日

Our modern-day fascination with #UFOs began in 1947. For diehard #Ufologists and UFO enthusiasts, the instance that began it all was when civilian pilot Kenneth Arnold claimed to have seen nine flying objects near Mt. Rainier in Washington State.

 現代における我々のUFOへの特別な関心は1947年に始まった。熱心なUFO研究者やUFO愛好家にとってすべての始まりは、民間パイロットのケネス・アーノルドがワシントン州レーニア山付近で9つの飛行物体を目撃したと主張したときだった。

UFOは1947年6月24日に初めて「空飛ぶ円盤」として報告され、この日はUFO記念日になっています。実は「円盤」という言葉は誤報であり、実際の最初の報告では円盤型ではなかったといいます。しかし、このニュースが話題になってからは円盤型UFOの目撃例が激増しました。

Word Pocket

- **fascination** 魅了されている状態
- **diehard** 筋金入りの
- **ufologist** UFO 研究者
- **enthusiast** 熱狂的なファン
- **instance** 出来事
- **civilian** 民間の

#UFOに関連するフレーズ

☐ There were actually two World UFO Days: June 24 and July 2.

（世界UFOデーは実は2つありました。6月24日と7月2日です。）

▶アメリカ・ワシントン州で9個の奇妙な飛行物体が目撃された日と、1週間後のいわゆるロズウェル事件でUFOが墜落したとされる日があり、2001年に世界UFOデー機構により7月2日に統一されました。

☐ I found an interesting article about Washington state being the most likely state for people to spot a UFO.

（UFOを目撃する可能性が最も多いのはワシントン州だとする面白い記事があったよ。）

▶likely「ありそうな、起こりそうな」、spot 〜「〜を見つける、発見する」

☐ The terms "flying saucer" and "flying disc" were born when a pilot reported to have seen flying discs in 1947.

（「空飛ぶ皿」と「空飛ぶ円盤」という言葉は1947年にパイロットが飛ぶ円盤を見たと報告したとき生まれました。）

▶saucer「（コーヒーカップなどの浅い）受け皿」、disc「円盤（状の物）」

☐ I personally don't believe in "aliens," but Roswell seems like a fun place, being the "UFO capital of the world."

（私は個人的には「宇宙人」の存在を信じていませんが、「世界のUFOの中心地」であるロズウェルは楽しそうな場所ですね。）

▶personally「個人的には」、capital「中心地」

☐ UAP stood for "unidentified aerial phenomenon," but now it's short for "unidentified anomalous phenomenon."

（UAPは「未確認航空現象」の略だったが、今は「未確認異常現象」を縮めたものだ。）

▶stand for ～「～の略である」、unidentified「未確認の」、aerial「空中の」、phenomenon「現象」《複数形はphenomena》、short for ～「～を省略した」、anomalous「異常な」

☐ What seemed to be a string of UFOs was actually a train of Starlink satellites.

（UFOがひと続きになっているように見えたものは実はスターリンク衛星の列でした。）

▶string of ～「ひと続き、一連」、actually「実は」、satellite「衛星」

☐ A first UFO hearing in Mexico's congress was held and two specimens that were alleged to be the remains of aliens were presented.

（メキシコ議会でUFOに関する初の公聴会が開かれ、宇宙人の遺体とされる２つの標本が提示されました。）

▶hearing「聴聞会、公聴会」、specimen「標本」、allege ～「～と主張する」、remains「遺体」

☐ Most USO (unidentified submerged objects) encounters involve strange sonar readings.

（USOとの遭遇では音波探知機がおかしな数値を表示する場合がほとんどだ。）

▶USO「未確認潜水物体」、encounter「遭遇」、involve ～「～を必ず含む」、sonar「水中音波探知機、ソナー」

15

#AIArt

画像生成AIによって描かれたイラストのこと。SNSを中心に2022年頃から急激に広まっていきました。

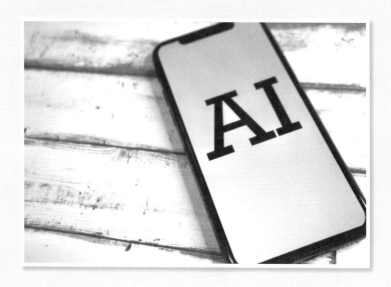

#AIArtとは、画像生成AIによって描かれたイラストのことです。AIとはArtificial Intelligenceの略で、「人工知能」と訳されます。画像生成AIに作りたいイメージを言葉で入力すると、インターネットにある画像をもとに新しいイラストを作り出します。2022年から急激に普及が進み、誰でも簡単にイメージをイラスト化できることから、SNSにも大量のAIアートが投稿されています。ほかにも動画やテキストを生成するAIがあり、これらはGenerative AIと呼ばれて様々なところで活用されています。

Martin Nebelong

@MartinNebelong · 2023年11月11日

I deleted my post of painting in Photoshop with an AI interpretation running as I was painting. My stance on AI is that it can become a powerful, artistic tool if the tools are steered in the right direction.. away from pure text-based AI, towards tools that rely on artistic intent, purpose, painting, and sculpting.

> 訳　AIの解釈を交えながらフォトショップで描いた絵の投稿を削除しました。AIに対する私の立場は、単なるテキストベースのAIから離れて、芸術的な意図、目的、絵画、彫刻に頼ったツールを目指して正しい方向に導くことができれば、それは強力な芸術のツールになり得るというものです。

生成AIによる作品によって表現の幅が広がっている一方で、新たな表現方法の受け入れに関しては賛否が分かれます。画像生成AIはインターネット上にアップロードされた画像をもとに生成するため、著作物使用に関する議論が各所で巻き起こっています。

Word Pocket

● steer	導く	● stance	〔物事に対する〕態度
● intent	意図	● interpretation	解釈
● reasonable	分別のある／理性的な		

#AIArt に関連するフレーズ

☐ **The pace of development in the world of generative AI has been breathtaking.**

（生成AIの世界における開発の速さは驚異的です。）

▶pace「〔物事の進む〕速さ、ペース」、development「開発、開拓」、breathtaking「息をのむような、驚くような」

☐ **She posted her AI artwork that she "minted" this morning.**

（彼女は、今朝「鋳造」したAIのアート作品を投稿した。）

▶mintは元々「〔貨幣を〕鋳造する」という意味ですが、NFT（非代替性トークン）を作成・発行する際にも使われています。

☐ **It may be a good idea to get help from an AI generator if you're a digital artist and need to prepare big backgrounds.**

（あなたがデジタル・アーティストで大きな背景を用意する必要がある場合、AI生成ツールの助けを借りるのもいい考えでしょう。）

▶generate ～「～を生成する」、background「〔絵画などの〕背景」

☐ **It's incredible that you can draw amazing pictures using generative AI tools, even if you don't have artistic talent.**

（絵心がなくても、AI生成ツールを使ってすごい絵が描けるなんて信じられない。）

▶even if ～「たとえ～だとしても」、artistic talent「芸術的才能」

☐ **What's your opinion on AI in the art world?**

（芸術の世界におけるAIについてあなたはどう考えますか？）

▶opinion「意見、考え」

☐ **Using AI in art means saving a lot of time.**

（芸術にAIを利用することで時間を大幅に節約できる。）

▶mean ~「～を意味する」、save ~「～を節約する」

☐ **Some artists are against AI art because they think the technology will take business away from them.**

（一部の芸術家は、AIアートの技術が彼らから仕事を奪うと考え、AIアートに反対している。）

☐ **He said that since the nature of art is experimental, new techniques attract artists, which is generative AI in this case.**

（彼は芸術の本質は実験的なので、新しい技術が芸術家を引き寄せるものであり、今回はそれが生成AIなのだと言った。）

▶experimental「実験的」、technique「技術、技巧」

☐ **One of the AI art generators said on its ad, "this is a powerful tool that unleashes your artistic imagination!"**

（あるAIアート生成ツールの広告には「これはあなたの芸術的な想像力を解き放つ強力なツールです！」と書かれていた。）

▶ad「広告」《advertisementの短縮語》、unleash ~「〔力・感情〕を解き放つ、爆発させる」

食事・料理の投稿で使える「ウマい」英語表現

SNSは季節を問わず、おいしそうな食べ物の写真をつけた投稿であふれている世界。このページでは、英語でのSNS体験がさらに「おいしく」なるための 3つの単語と表現を取り上げます。

☐ **Can't wait to try that ramen place all the foodies I follow are talking about.**

フォローしている食通が騒いでいるラーメン店に行ってみるのが待ちきれない。

「グルメ」や「食通」の人はまわりによくいますが、英語でそういった人を何と呼んだらよいでしょうか？おすすめなのが、foodieという単語です。1980 年代初頭に出てきたこの言葉は、food（食べ物）と-ie（名前を愛称にしたり、〜に詳しいものにしたりするパーツ）を組み合わせたものです。SNSでは、foodieがキーワードとしても使われています。

☐ **Yum! You guys have to try the new meat bun place in Chinatown.**

おいしかった〜！ みんな、中華街の新しい肉まん屋さん、行かなくちゃ！

英語で「おいしい」を表現する言葉はたくさんあります。good、tasty、deliciousのほかに、yummyもあります。でも実はyummyは、子どもがよく使う言葉。少し子どもっぽく聞こえてもいいと思った場合を除いて、yummyを避けて、同じような意味合いを伝えながら、子どもっぽい印象が残らないyumを使いましょう。

mouth-watering

おいしそう！

Look at this mouth-watering steak. I can't wait to take a bite!

よだれが出そうなこのステーキ、見て。一口食べるのが待ちきれない！

mouthは「口」、waterは「水」で、口から出る水といえば「よだれ」です。My mouth is watering.は「（おいしそうなものを見て）よだれが出ている」。mouthとwateringをくっつけて使うと、「食欲をそそる」や「よだれが出てしまうほどおいしそうな」という意味で、単なる「おいしそうな」よりもイキイキとした形容詞になります。おいしそうな料理の写真をつけたSNSの投稿にぴったりの表現です。

16 #BeYourself

「自分らしく生きる」ことを意味する#BeYourself。人種・年齢・性別・能力・価値観などさまざまな違いを持った人々が自分らしく生きられる世界をつくるために何ができるのでしょうか。

#BeYourselfとは「自分らしく生きる」こと。P.26の#PrideMonthにも関連していますが、さまざまな人種・年齢・性別・能力・価値観などの違いを持った人々が自分らしく生きていく世の中「ダイバーシティ」を目指していこうとする動きが広まりつつあります。2023年に公開された映画実写版『リトル・マーメイド』では主人公のアリエルの役を黒人歌手のハリー・ベイリーが演じたことが世界中で大きな話題となりました。このキャスティングはアリエルに憧れるさまざまな人種の子どもたちに大きな希望と喜びをもたらしました。

LykosArt FE2024
@LykosSol · 2023年5月31日

Happy pride month all hope you all are safe and know you are loved! No matter where on the rainbow you are or an ally that stands up for others you all should be loved and treated with respect. #pride #Pride2023 #loveislove

訳 みんなプライド月間おめでとう。みんなが無事で、自分が愛されていると分かっていることを祈ります。みんなが虹のどこにいてもつまり、他者のために立ち上がる味方も、全員が愛情と敬意をもった扱いを受けるべきです。

Be Yourself（自分らしく生きる）はしばしば、LGBTQ＋の啓発活動においても掲げられる標語となっています。P.26で紹介した#Pridemonthに関連するつぶやきのなかでも多く見られるハッシュタグです。SNSの普及により、こうした声があげやすくなり、社会への啓発も進められています。

Word Pocket

● safe	無事で	● ally	味方
● no matter where you are	どこにいても	● treat	扱う
● respect	敬意		

paskibsmp

@PaskibSMP150 · 2023年7月19日

Life's a canvas, paint it with vibrant colors! Embrace your uniqueness and let your true colors shine!
#BeYourself

 訳　人生はキャンバスです、鮮やかな色でそれを彩って。自分が唯一無二の存在であることを受け入れて、ありのままの姿を輝かせて。

ファッションやメイクでもBe Yourself は取り入れられています。伝統的な男女の服装スタイルにとらわれず、個々の個性や好みを自由に追求するジェンダーレスファッションも生まれています。ファッションやメイクを通じて、多様性を享受する動きも広まっています。

Word Pocket

● canvas	キャンバス	● uniqueness	唯一無二
● vibrant	鮮やかな	● true colors	ありのままの姿
● embrace	受け入れる	● shine	輝く

Beth

@Beth_Tastic · 2023年10月25日

I can honestly think of nothing worse than being the same as everyone else to be honest, but then I've always enjoyed dancing to my own beat #BeYourself you're the only you the world gets.

訳 正直に言ってほかの人と同じでいることほどひどいことなんて本当に思いつかない、とはいえ、私はずっと自分自身のビートに合わせて踊るのを楽しんできたけど。#BeYourself あなたという人間は世界に一人だけだから。

子どもたちに「Be yourself」と伝えることはとても大事です。肯定的な環境で育まれた子どもは、自己認識を深め、他者との関わりにおいても自信を持ちやすくなります。親や教育者は子どもたちの個性や好みを尊重し、彼らが自分を大切にすることを奨励することが大切になってきます。

Word Pocket

honestly	本当に	but then	とはいえ
worse than ~	~よりひどい	dance to ~	~に合わせて踊る
to be honest	正直に言って	beat	拍子／ビート

#BeYourselfに関連するフレーズ

☐ **Don't try to be someone else. Just be yourself.**
（ほかの誰かになろうとしないで。ただあなたらしくいて。）

▶someone else「ほかの誰か、誰かほかの人」

☐ **There are actually many "Be Yourself" quotes.**
（「自分らしく生きる」ことに関する名言は実は結構あるよ。）

▶actually「実は」、quote「引用句、引用文」

☐ **The key is knowing yourself and learning to accept yourself.**
（鍵となるのは、自分自身を知り認めるようになることです。）

▶key「鍵、秘訣」、learn to 〜「〜するようになる、〜できるようになる」

☐ **I want to be true to myself.**
（私は自分自身に誠実でありたいです。）

▶true「誠実な、偽りのない」

☐ **The way you dress says a lot about who you are.**
（あなたの服装はあなた自身について多くを語ります。）

▶the way you 〜「あなたが〜する方法、やり方」
dressには名詞「ワンピース、ドレス」の意味と、動詞「服を着せる、着る」の2つの意味があります。

☐ **How do you express yourself through fashion or makeup?**

（ファッションやメイクを通じて自分自身を表現するにはどうすればいいの？）

▶express oneself「自己を表現する」

☐ **It's not easy to break free from conventional thinking.**

（従来の考え方から抜け出すのは簡単ではありません。）

▶break free from ～「～から自由になる」、conventional「従来の、型にはまった」

☐ **Don't let others define how you live.**

（自分の生き方を他人に決めさせないで。）

▶let ～ ...「～に…することを許可する、許す」、define ～「〔範囲・境界などを〕限定する、定める」

☐ **Being yourself has a lot to do with having self-confidence.**

（自分らしく生きることは自信をもつことと大いに関係がある。）

▶have a lot to do with ～「～と大いに関係がある」、self-confidence「自信」

☐ **Everyone should be able to be themselves.**

（誰もが自分らしく生きられるべき。）

▶be able to ～「～することができる」

AfghanistanCrisis

直訳すると「アフガニスタン危機」。2021年8月の政変に伴い、紛争が勃発、社会的、経済的混乱が続き、アフガニスタンの人々は、深刻で、複合的な人道危機に直面しています。

#AfghanistanCrisis とはアフガニスタン人道危機のこと。アフガニスタン戦争の終了をアメリカのバイデン大統領が宣言した2021年、武装勢力タリバンが政権を発足させました。政権発足後、国内外からの援助が制限され、経済が停滞。これにより、食料や清潔な水、医療へのアクセスが制約され、かつてないほどに人道危機が深刻化しています。国際社会はアフガニスタンに対する支援を強化し、人道的危機を緩和するための努力が求められています。また同時に、政治的な解決策が求められ、国内の平和と安定を回復するための取り組みが不可欠になっています。

Nilofar Ayoubi
@NilofarAyoubi · 2023年10月10日

"You want to know what doomsday looks like? Look no further than Afghanistan. Witness the suffering of my people, the pain they endure every day. It's a heartbreaking reality that must not be ignored.
#HeratEarthquake
#AfghanistanCrisis

訳　この世の終わりがどんなものか知りたいですか？ それならアフガニスタンです。私の同胞の苦しみ、彼らが毎日耐えている痛みを見てください。それは無視してはいけない、胸が張り裂けるような現実です。

2023年10月7日、アフガニスタン西部のヘラート県で、マグニチュード6.3の地震が発生しました。UNOCHAによると、11万人以上が被災しています。アフガニスタンは人道危機の状況が深刻でした。そこに追い打ちをかけるように起きたこの大災害で、アフガニスタンはかつてないほどの危機に陥りました。

Word Pocket

- doomsday　この世の終わり
- witness　目撃する
- suffering　苦しみ
- endure　耐える
- heartbreaking　胸が張り裂けるような
- ignore　無視する

A H

@YousafzaiAnayat · 2022年9月25日

Education for all and everywhere!
371 days since the Taliban banned
teenage girls from school. Education
is not a privilege, it is a basic human
right; a right Afghan girls continue
to be denied #LetAfghanGirlsLearn
#Afghanistan #afgangirl
#AfghanistanCrisis

 訳

世界中のすべての人に教育を！
10代の少女たちが学校に行くことをタリバン
が禁じてから371日が経ちました。教育を受け
ることは特権ではありません、それは基本的
人権です。アフガニスタンの少女たちが持つ
のを否定され続けている権利のことです。

2021年8月、タリバンがアフガニスタンで政権を掌握した後、女
子生徒への様々な制約が報告されました。一部の地域では女子
生徒が学校に通うことが難しい状況が生じています。こうした
人権侵害に対し、国際社会や国内外の人権団体は、女性の権利尊
重と平等な教育機会の提供を求めて、懸念を表明しています。

Word Pocket

● everywhere	どこでも	● basic	基本的な
● ban	禁じる	● human right	人権
● privilege	特権	● deny	否定する

Tanisha Sachdeva
@tanisha_2oo2 · 2021年9月7日

Women must wear an abaya robe and niqab to cover their faces when attending classes at private colleges and universities, the Taliban have decreed…
Also, men and women are to use separate entrances and classes…
#Afghanistan #Taliban

 訳　女性は私立大学で授業を受ける際にアバヤを着用し、顔を覆うためにニカブを身に着けなければならないとタリバンは法令で定めた。また、男性と女性は別々の入り口と教室を使わなければならない。

タリバンは、一部の地域で、女性に大学教育を許可すると明らかにしましたが、顔や髪を覆う「ニカブ」の着用などの服装規制や男女別に講義を行うなどの方針を示しました。こうした女性への制限はアフガニスタン女性の社会との関わりを隔絶しているものであると国際的に非難を集めています。

Word Pocket

● robe	長くゆったりした外衣
● cover	覆う
● attend classes	授業に出席する
● private	私立の
● decree	法令で命じる
● separate	別々の

#AfghanistanCrisis に関連するフレーズ

☐ **Thousands of people are fleeing Afghanistan.**

（何千もの人がアフガニスタンから逃げ出しています。）

▶flee「〔危険などから〕（急いで）逃げる」

☐ **The Taliban regained their power as US troops left the country.**

（米軍が引き上げるのと同時にタリバンは再び権力を掌握した。）

☐ **The crisis in Afghanistan was compounded by the big earthquakes in 2022 and 2023.**

（アフガニスタンの危機は2022年と2023年の大地震で一層ひどくなった。）

▶compound ～「〔困難など〕をさらにひどくする、悪化させる」

☐ **Afghan girls who are eleven and over are banned from attending school.**

（アフガニスタン人の11歳以上の女の子は学校に通うことを禁止されている。）

▶ban ～ from doing「～が…するのを禁止する」

☐ **Dr. Nakamura was devoted to improving the lives of Afghans, by building wells and canals for clean water.**

（中村先生はきれいな水を得るための井戸や用水路を建設することにより、アフガニスタンの人々の生活向上に尽くしました。）

▶be devoted to ～「～に努力などをささげる」

☐ **Did you see the chaotic images at the Kabul airport?**

（カブール空港での大混乱の映像を見ましたか？）

▶chaotic「無秩序の、混乱した」

☐ **The persistent drought deepened Afghanistan's humanitarian crisis.**

（しつこい干ばつがアフガニスタンの人道危機を深刻化させた。）

▶persistent「執拗に続く」、deepen ～「〔状況など〕を悪化させる」

☐ **I would love to see the beautiful landscapes in the provinces of Afghanistan someday.**

（いつかアフガニスタンの田舎の美しい風景をぜひ見てみたい。）

▶province「地方、田舎」

☐ **UN reported over 1,600 human rights violations, including torture and deaths in Taliban custody.**

（国連はタリバン拘束下での拷問や死者を含めた1,600件以上の人権侵害を報告した。）

▶violation「（権利などの）侵害」、custody「拘留、拘置」

☐ **These traditional crafts are handmade by Afghan women and the proceeds from the sale will go back to them.**

（これらの伝統工芸品はアフガニスタン人の女性たちの手作りで、売上金は彼女たちに還元されます。）

▶craft「工芸品」、proceeds「[the ～ s；複数扱い]利益」

18 # Metaverse

インターネット上に作られた仮想空間のこと。エンタメ、ビジネス、教育など様々な分野で活用されています。

#Metaverseとは、インターネット上に構築された仮想の3次元空間のことです。Meta Universe（超越した宇宙）という言葉を由来とする造語で、1992年に発表されたSF小説『スノウ・クラッシュ』に登場した「メタヴァース」が起源とされています。空間内の施設の利用やほかの参加者とのコミュニケーションが可能で、現在メタバース上では様々な経済活動が行われています。コロナ禍で音楽ライブを行えないアーティストがメタバース上でライブを開催することが増え、エンタメ業界に新たな文化を生み出しました。

ᐱDANᛋELᗐ
@Dan_CrYpT0 · 2021年12月28日

The physical world and the digital world are beginning to interlock in society. Augmented reality and virtual reality are closer than most think. NFTs- basic minted designs/music/video and images of value are only the beginning. NFTs will evolve and grow. #gaming #VR #Metaverse

訳 物質界とデジタル世界は社会において連動し始めている。拡張現実と仮想現実はほとんどの人が考えるよりも近い。NFTの技術で作られた基本的なデザイン・音楽・動画そして高価な画像は始まりにすぎない。NFTは進化し成長するだろう。

NFTとはNon-Fungible Token（非代替性トークン）の略で、替えが効かない暗号資産のことです。NFTによって自分が所有するデジタル資産を「自分が所有者である」と証明することができます。メタバース上における資産のやり取りはNFTによって守られています。

Word Pocket

● interlock	連動する	● mint	（貨幣を）鋳造する
● augmented reality	拡張現実	● of value	価値のある
● virtual reality	仮想現実	● evolve	進化する

AIGenesisOfficial

@aigenesisof・2023年6月6日

The metaverse is indeed a space for gaming, but it can also serve as a platform for education and interactive learning.
#MetaverseWorlds #Metaverse #EducationForAll #education #learning #FutureOfWork #future #IntelligenceArtificielle #intelligence

 訳　メタバースは確かにゲーム用の空間ですが、教育と双方向型学習のプラットフォームという役割を果たすこともできます。

メタバースはオンラインゲームや音楽ライブなどのエンタメカルチャーによって広まりましたが、昨今では教育にメタバースを取り入れる事例が増えてきています。現実では体験できないことを仮想空間で体験したり、学校へ通えない生徒でも気軽に参加できるという点で注目されています。

Word Pocket

● indeed	確かに	● interactive	対話方式の／双方向の
● serve as ～	～の役割を果たす	● space	空間
● platform	基盤／プラットフォーム		

Steve Aoki
@steveaoki · 2022年1月28日

It's finally time to unveil the @A0K1VERSE. I am combining an entire career's worth of relationships, my music, my art, my network into an all encompassing exclusive membership community.

訳　ついに@A0K1VERSEがベールを脱ぐ時です。これまでのキャリアで培った人脈、私の音楽、私の美術、私のネットワークを包括的かつ独占的な会員制コミュニティに統合します。

アメリカ出身の音楽アーティストであるスティーヴ・アオキは、2021年3月に自身の運営するメンバーシッププラットフォーム「A0K1VERSE（アオキバース）」を公開しました。「パスポート」と呼ばれるNFTを所有することで、スティーヴ・アオキの無料ツアーチケットやA0K1VERSE内での限定イベントへの参加権利を受け取ることができます。

Word Pocket

- unveil　ベールを取る
- combine ～ into...　～を…に統合する
- entire　全体の
- all-encompassing　包括的な
- exclusive　独占的な
- membership　会員制の

#Metaverseに関連するフレーズ

☐ The term "metaverse" was coined by combining "meta" and "universe."

（「メタバース」という用語は「メタ」と「ユニバース」を組み合わせて造り出された。）

▶term「（ある特別な意味を持つ）用語、専門用語」、coin ~「〔新語など〕を造り出す」、combine ~「～を組み合わせる、結合させる」、meta「～を超越した、～より高度な」

☐ When accessing the metaverse, you can create an avatar, which is an online representation of yourself.

（メタバースにアクセスする際は、自分自身をオンライン上で表現するアバターを作成することができます。）

▶avatar「アバター」《インターネット・仮想空間などで利用者を示すアイコン・像》、representation「表現［描写］されたもの」

☐ You'll need a virtual reality headset and hand-operated controllers to enhance your virtual experience in the metaverse.

（メタバースでの仮想体験を充実させるにはVRヘッドセットとコントローラーが必要です。）

▶virtual「仮想の、バーチャルな」、virtual reality「仮想現実、バーチャル・リアリティー」、hand-operated「手動の」、enhance ~「〔質など〕を高める、向上させる」

☐ Some businesses have started to set up interactive showrooms in the metaverse that allow users to explore different products.

（一部の企業はユーザーがいろいろな商品を試せるインタラクティブな展示場をメタバースに設置し始めた。）

▶interactive「双方向の」、showroom「展示場、ショールーム」

☐ They even have fashion shows in the metaverse, which are becoming a global event and accessible to anyone.

（メタバースではファッション・ショーさえ開かれ、それらは誰もが見られる世界規模のイベントになりつつある。）

☐ As a teacher, I'd love to take students on a virtual field trip to ancient Egypt, in which they can explore pyramids and temples.

（教師としては、バーチャル校外学習で古代エジプトに生徒を連れて行き、ピラミッドや寺院を探検させたい。）

▶field trip「校外見学、遠足」、ancient「古代の」、pyramid「ピラミッド」

☐ Seoul and Dubai are examples of cities that decided to enter the metaverse and build virtual cities.

（ソウルとドバイはメタバースに参入してバーチャル都市をつくることを決めた都市の例です。）

☐ Do you know what an NFT is?

（NFTが何か知っていますか？）

☐ NFTs can be used for music, art, comic books, trading cards, and so on.

（NFTは音楽、美術品、マンガ、トレーディングカードなどに使うことができます。）

宇宙に関する投稿に使う言葉です。民間宇宙旅行計画や宇宙望遠鏡の進化によって、宇宙は未知の世界から手の届くものに変わってきています。

#UnfoldTheUniverseは「宇宙を解き明かそう」という意味のハッシュタグです。アメリカ航空宇宙局、通称NASAを中心に、宇宙開発に携わる人や興味を持つ人、宇宙開発を応援する人たちの間で使われています。2018年には民間宇宙旅行プロジェクトである「dearMoon計画」が発表され、日本の実業家である前澤友作さんを中心に世界各国のクリエイター10人が月に向かうことが発表されました。宇宙望遠鏡も日々進化を遂げており、James Webb Space Telescope（ジェイムズ・ウェッブ宇宙望遠鏡）、通称#JWSTに関する投稿も多く寄せられています。

NASA Webb Telescope
@NASAWebb・2022年10月19日

This is what you've waited for. Journey with us through Webb's breathtaking view of the Pillars of Creation, where scores of newly formed stars glisten like dewdrops among floating, translucent columns of gas and dust.

訳

これが皆さんお待ちかねのものです。ジェイムズ・ウェブ宇宙望遠鏡による「創造の柱」の息をのむような眺めの中を一緒に旅しましょう。そこでは新しく形成されたたくさんの星々が、浮遊する半透明のガスとちりの柱の中で露のしずくのようにきらめいています。

ジェイムズ・ウェブ宇宙望遠鏡公式のアカウントによる投稿です。「創造の柱」は、地球から約6500光年も離れた、水素ガスとちりからなる冷たくて厚い雲のことで、宇宙で最も美しい光景のひとつと言われています。このように、JWST公式アカウントでは定期的に望遠鏡で撮影した画像を投稿しています。

Word Pocket

● breathtaking	息をのむような	● dewdrop	露のしずく
● scores of ~	多数の~	● floating	浮遊している
● glisten	ぴかぴか光る	● translucent	半透明の

Rich Par
@AstroPnoy · 2023年2月19日

Two telescopes are being developed
by NASA for launch next decade:
The Habitable Worlds Observatory
(which would lift off in 2035) and
#LUVOIR...which would fly in 2039.
As shown below, LUVOIR is the clear
successor to the #Webb Space
Telescope! #UnfoldTheUniverse

訳　2つの望遠鏡が今後10年の打ち上げに向けて
NASAによって開発されている。ハビタブル・
ワールド・オブザーバトリー（2035年に打ち上
げ予定）とLUVOIR…2039年に飛び立つ予定
だ。
下に示すように、LUVOIRはジェイムズ・ウェ
ブ宇宙望遠鏡の明らかな後継機だ。

JWSTの後継機とされる、LUVOIRに関する投稿です。正式に
はLarge Ultraviolet Optical Infrared Surveyor（大型紫外可
視近赤外線宇宙望遠鏡）といいます。LUVOIRはその名が示す
通り紫外線、可視光線、赤外線に渡る広範囲の波長の光を観測で
きるため、その性能はJWSTを大きく上回るとされ、構想が実現
すれば宇宙解明が革命的に進歩するといわれています。

Word Pocket

● launch	打ち上げ	● observatory	観測所
● decade	10年	● lift off	打ち上げられる
● habitable	居住可能な	● successor	後継者

NASA
@NASA · 2022年12月26日

Happy launch anniversary, @NASAWebb!
Our next-generation telescope blasted off on its mission to #UnfoldTheUniverse one year ago today—but the journey's only just begun:

訳　打ち上げ記念日おめでとう、ジェイムズ・ウェブ宇宙望遠鏡！
我々の次世代望遠鏡は1年前の今日、宇宙の謎を明らかにする任務のために飛び立った—しかし旅はまだ始まったばかりだ。

2021年12月25日、「宇宙最初の星」であるファーストスターを観測するために、JWSTが宇宙へ向けて飛び立ちました。ファーストスターから放たれる光は赤方偏移によって赤外線になっていると考えられており、赤外線の観測に特化したJWSTには宇宙最初の星を解明するという使命が与えられました。

Word Pocket

● anniversary	周年記念日	● mission	宇宙飛行の任務
● next-generation	次世代の	● unfold	明らかにする
● blast off	飛び立つ		

#UnfoldTheUniverseに関連するフレーズ

☐ **It was a sad but proud moment when Cassini took a plunge into Saturn.**

（カッシーニが土星に突入したときは悲しいけれど誇らしい瞬間だったな。）

▶Cassini-Huygens「カッシーニ・ホイヘンス」《土星探査機》、plunge「突入」、Saturn「土星」

☐ **The Roman Space Telescope named after Nancy Grace Roman, NASA's first Chief of Astronomy, is scheduled to launch in 2027.**

（NASAの初代主任天文学者のナンシー・グレース・ローマンにちなんで命名されたローマン宇宙望遠鏡は2027年に打ち上げが予定されています。）

▶name after ～「～にちなんで名づけられる」、astronomy「天文学」

☐ **Would you like to take a trip to space if you had the chance?**

（機会があれば宇宙旅行をしてみたいと思いますか？）

▶universeが地球を含む宇宙を指すのに対し、spaceは地球の外側の宇宙を指します。space travelという言葉もよく使います。

☐ **In 2019, scientists captured the first-ever image of a black hole using a network of telescopes.**

（2019年、科学者たちは望遠鏡のネットワークを使い史上初めてブラックホールを撮影しました。）

▶capture ～「～をとらえる、撮影する」、first-ever「最初の」

☐ **Proxima Centauri b is said to be the closest exoplanet to Earth.**

（プロキシマ・ケンタウリbは地球に最も近い太陽系外惑星だと言われている。）

▶closest「最も近い」、exoplanet「太陽系外惑星」

☐ **There's going to be a tour at the Super-Kamiokande. Why don't we go?**

（スーパーカミオカンデの見学だって。一緒に行かない？）

▶スーパーカミオカンデは岐阜県飛騨市の旧鉱山地下に設置されたニュートリノの観測施設です。先代の施設「カミオカンデ」, 2027年運用開始予定の「ハイパーカミオカンデ」と共にニュートリノ世界最先端の研究が行われています。

☐ **Despite their occasional glitches, both Voyager 1 and Voyager 2 have reached "Interstellar space."**

（たまに発生する故障にもかかわらず、ボイジャー１号とボイジャー２号は両機とも「星間空間」に到達した。）

▶glitch「（機械などの）突然の故障」、interstellar space「星間空間」《銀河内の各々の恒星と恒星の間に広がる空間》

☐ **The "habitable zone" is the distance from a star at which liquid water could exist on orbiting planets' surfaces.**

（「ハビタブルゾーン」とは恒星からの距離であり、周回惑星の表面に液体の水が存在できる距離のことです。）

▶habitable zone「生命居住可能領域」、orbit「周回する」

20 #HeatApocalypse

2022年の夏に世界各国で記録された熱波や山火事に関するハッシュタグ
です。「終末」と感じるほどの暑さに世界中から投稿が集まりました。

#HeatApocalypseは直訳すると「熱の黙示録」になります。
Apocalypseとは新約聖書が由来で、神の怒りによる大災害
のことを指しています。2022年の夏は世界各地で記録的な
熱波や山火事が発生し、それらのまるでこの世の終わりのよ
うな暑さを黙示録になぞらえて表現しています。7月にはイ
ギリスで観測史上初の40℃を記録し、高熱によって道路が溶
けているという投稿が波紋を呼びました。そのような暑さを
警告したり嘆いたりする人々がいる一方で、猛暑を乗り切る
ための暑さ対策も世界各国で報告されて話題になりました。

Nagendra Kawade
@NagendraKawade · 2022年7月19日

#ClimateEmergency
#EuropeHeatWave
#HeatApocalypse Europe burns as
a heatwave causes fatalities, breaks
temperature records, causing
ferocious wildfires.."The climate
emergency is a race we are losing,
but it is a race we can win".

訳 ヨーロッパが燃えている、熱波が死をもたら
し、最高気温の記録を更新し、猛烈な山火事を
引き起こしながら。「気候の非常事態という
レースに我々は負けつつあるが、それは勝つ
ことのできるレースだ。」

2022年7月19日、イギリスで同国史上最高の40.3度を記録し、猛
暑としては初の緊急事態宣言が発令されました。7月中旬には
ポルトガル、スペイン、フランスで山火事が相次ぎ、数千人単位
の消防士が消火活動にあたっていました。激しく燃えている森
の様子はまさに「世界の終末」だとSNSで話題になりました。

Word Pocket

● burn	燃える	● record	（最高）記録
● fatality	死亡者	● ferocious	猛烈な
● break	更新する	● wildfire	山火事

#HeatApocalypse に関連するフレーズ

☐ **The extreme heat wave in Europe was dubbed a "heat apocalypse."**

（ヨーロッパの厳しい熱波は「ヒート・アポカリプス」と名付けられた。）

▶dub ～ 「～に（…と）あだ名を付ける」

☐ **India is experiencing a deadly heat wave this week.**

（インドは今週、殺人的な熱波を経験しています。）

▶deadly「命取りになる、致命的な」

☐ **I can't stand this heat! Let's go get ice cream.**

（この暑さ、耐えられない！ アイス買いに行こう。）

▶can't stand ～ 「～に耐えられない」《受け身・進行形不可》

☐ **Apocalyptic heat triggered devastating fires.**

（黙示録さながらの暑さは壊滅的な火災をもたらした。）

▶trigger ～ 「〔出来事などを〕引き起こす」、devastating「破壊的な、壊滅的な」

☐ **Global temperatures are currently the highest they've been in recent history.**

（地球の気温は現在のところ近年で最も高い。）

▶currently「現在（のところ）」

☐ **Heat records have been broken in many parts of the continent.**

（最高気温の記録は大陸の多くの地域で塗り替えられている。）

☐ **Scorching heat melted the runway at an airport.**
（焼けるような暑さは空港の滑走路を溶かした。）

▶scorching「焼けつくような」、runway「（空港の）滑走路」

☐ **Many heat-related deaths were reported in Spain.**
（スペインでは暑さによる死亡が多く報告されました。）

▶heat-relatedのようにrelatedをハイフンでつなげると「～と関係のある」という意味になります。

☐ **Some kids jumped into the fountain, escaping from the heat.**
（子どもたちが暑さから逃れて噴水に飛び込んだ。）

☐ **Firefighters struggled with the wildfire caused by the heat wave.**
（消防士たちは熱波による山火事と格闘しました。）

▶struggle with ～「～と格闘する」、caused by ～「～に起因する」

☐ **Italy suffered from its worst drought in 70 years.**
（イタリアはこの70年で最悪の干ばつに見舞われた。）

▶suffer from ～「～に苦しむ、見舞われる」

☐ **We're used to hot weather, but this is too much.**
（私たちは暑い気候には慣れているが、これはひどすぎる。）

▶be used to ～「～に慣れている」

SNSで使えるほめ言葉

SNSでは、一生懸命がんばって何かを成し遂げたことを投稿で報告する人をよく見かけますよね。そんな相手に、しっかり「よくやった！」と返信して、伝えてあげたいと思いますよね。そこで今回は日常会話やSNSでよく使われる、"Good job!"以外の褒め言葉を紹介します。

☐ **Way to go! I'm so proud of you.**
よくやった！えらいよ！

「Way to go」は「That's the way to go（それが行くべき道だ）」を短くした表現。意味は「あなたが行くべき道を行った！」、つまり「よくやった！」になります。少し個人的な味わいを加えて親近感を出したいとき、way to goの後ろに相手の名前を入れるのがおすすめです。

☐ **Boom. We just bought a house.**
よっしゃ！家を購入したぞ！

「boom」は自分に思いっきり「よくやった！」と褒めたり、「いいことがあった！」と相手にちょっと自慢したりするときに使える単語で、爆発音をまねた言葉に由来する表現です。Boomは会話よりも文字でのやりとり（メッセージやSNS）でよく使われ、文の前後に置いて、単体で使います。ビックリマークをつけたり大文字にしたりしてもいいですが、ちょっとおおげさな印象にもなりうるので、控えめなピリオドで仕上げるとクールになります。

You go, girl!

やるじゃん！応援してるよ

> **You got into Harvard? You go, girl!**
> ハーバード大学に入ったの？やるじゃん！

You go, girl!は 90年代半ばに放送されたアメリカのシットコム（シチュエーション・コメディドラマ）をきっかけに広まったフレーズで、若干の時代遅れ感があるのは否めません。とはいえ、響きは「古臭い」というよりは、「ダサかわいい」です。相手はきっと笑ってくれます。実生活（IRL）で言うとき、強調するのはgirlではなく、goのほうです。

21 # HollywoodStrike

2023年にハリウッドで起きたストライキのこと。映像制作にあたってのAIの使用や、ストリーミングサービスの報酬を巡って抗議が起きました。

#HollywoodStrikeは2023年にハリウッドで起きた、脚本家組合と映画俳優組合から全米映画テレビ制作者協会に向けてのストライキのことです。脚本や演技に対するAIの使用や、ストリーミングサービスで配信されたコンテンツに関する報酬の引き上げの要求を巡って、抗議を続けました。その期間は撮影が中断する現場も多く、2024年以降の映画公開スケジュールにも影響が出ました。AIの使用をめぐる議論は、映画業界に限らず今後も様々な業界で話題に上がる可能性が高く、多くの人々がこのストライキの動向を追っていました。

Variety
@Variety · 2023年11月9日

Christopher Nolan thinks that Hollywood's decision to push a streaming model above all else caused the writers' and actors' unions to strike this year because they weren't earning the same type of royalties they once did.

 クリストファー・ノーランは、何をおいてもストリーミング・モデルを推し進めるというハリウッドの決断が今年の脚本家組合と俳優組合のストライキを引き起こした、彼らが以前と同じ種類の印税を得られなくなったからだと考えている。

クリストファー・ノーラン監督は、『インターステラー』『TENET』などの世界的ヒット映画を生み出した映画監督です。彼はこのストライキについて「ハリウッドにとって極めて重要な時期」と語っており、BBCの取材によると、ストライキが終わるまで決して脚本の執筆をしないとの姿勢を示しました。

Word Pocket

decision	決断	royalty	印税
above all else	何をおいても	labor negotiations	労使交渉
union	労働組合	sit there	傍観する

Let's Talk About Dis Shidd

@MrsBarnesII · 2023年7月22日

Daniel Radcliffe, girlfriend Erin Darke bring newborn baby to SAG-AFTRA strike in NYC. Daniel Radcliffe and his girlfriend Erin Darke brought their newborn baby along to the SAG-AFTRA picket line in New York City Friday to show their support.

訳　ダニエル・ラドクリフとガールフレンドのエリン・ダークが生まれたばかりの赤ん坊を連れてニューヨークでのSAG-AFTRAストライキへ。ダニエル・ラドクリフと彼のガールフレンドのエリン・ダークが金曜日、ニューヨークで行われた全米俳優組合のピケラインに支援を表すために生まれたばかりの赤ちゃんを連れて参加した。

ダニエル・ラドクリフは、映画『ハリー・ポッターシリーズ』の主人公役を務めていたイギリスの俳優です。2023年4月、アメリカ人女優であるエリン・ダークとの間に第一子が生まれたことが報じられました。彼が子どもを抱きかかえながら抗議活動している様子がSNSに投稿されています。

Word Pocket

● newborn	生まれたばかりの	● support	支援
● strike	ストライキ	● infant	幼児
● picket line	（スト破り防止のための）ピケ（ライン）		

Variety
@Variety・2023年11月9日

SAG-AFTRA negotiators have approved a tentative agreement that will end the longest actors strike against the film and TV studios in Hollywood history.

 訳　SAG-AFTRAの交渉人はハリウッド史上最も長いものになった映画・テレビスタジオに対する俳優たちのストライキを終わらせる暫定合意を承認した。

2023年11月、ハリウッド史上最長の118日間に及ぶストライキが終了しました。SAG-AFTRA（全米俳優組合）がスタジオと配信会社の代表、全米映画テレビ製作者協会と新たな契約条件で合意したので、以前のように撮影が再開され、映画の宣伝もできるようになりました。

Word Pocket

- negotiator　交渉担当者
- approve　承認する
- tentative　暫定的な
- agreement　合意
- end　終わらせる

#HollywoodStrike に関連するフレーズ

☐ The WGA, or Writers Guild of America, went on strike over a labor dispute which ended on September 27th.

（WGA（全米脚本家組合）は労使紛争をめぐってストライキを行い、それは9月27日に終結した。）

▶guild「組合、協会」、dispute「紛争」

☐ Many writers worried about their jobs as AI became more common.

（AIがますます普及してきたため、多くの脚本家は自分の仕事が心配だった。）

☐ The SAG-AFTRA strike lasted for 118 days.

（全米俳優組合のストライキは118日間続いた。）

☐ Hollywood actors and writers were on strike simultaneously for the first time in more than 60 years.

（ハリウッドの俳優と脚本家が同時にストライキを行うのは60年以上ぶりだった。）

▶simultaneously「同時に」、for the first time in ～「～で初めて、～ぶりに」

☐ Residuals are one of the central issues of the Hollywood strike.

（ハリウッド・ストライキの争点のひとつは配信料だ。）

▶residuals「再放送出演［著作権］料」、central「主要な」

☐ **In her post, an actor shared a screengrab of seven residual payments totaling 19 cents from replays on streaming services.**

（ある俳優は、配信サービスでの再生による二次使用料が７回で合計19セントだというスクリーン・ショットを投稿で見せた。）

▶screengrab=screenshot「スクリーン・ショット」、total「〔ある数に〕合計が達する」

☐ **Many celebrities including Meryl Streep and Matt Damon voiced their support for the strike.**

（メリル・ストリープやマット・デイモンを含め多くの有名人たちがストライキへの支持を表明した。）

▶celebrity「有名人、セレブ」、including ～「～を含む」、voice one's support for ～「～への支持を表明する」

☐ **Actor Jessica Chastain said in her post, "So proud of SAG-AFTRA ... and the thousands of members who stood in solidarity."**

（俳優のジェシカ・チャステインは投稿で「SAG-AFTRAと（中略）団結した何千人もの組合員をとても誇りに思います。」と言った。）

▶proud of ～「～を誇りに思う」、solidarity「団結、結束」

☐ **The Hollywood strike is said to have caused about $5 billion in damage.**

（ハリウッド・ストライキは約50億ドルの損失を引き起こしたといわれている。）

▶cause ～「～の原因となる」、damage「損害」

22 #KPOP

若者文化やエンターテイメントにおいて大きな影響力を持つ存在となった
「KPOP」。世界的に人気のあるBTSをはじめ、次世代のグループも大きな
注目を集めています。

#KPOPとは、「韓国ポップミュージック」のことで、その最大の
魅力は洗練されたダンスパフォーマンス、キャッチーなメロ
ディ、多様な音楽スタイルにあります。KPOPアーティスト
はグループやソロとして活動し、国内外で熱狂的なファン
ベースを持っています。KPOPは言語の壁を越え、英語やほ
かの言語で制作された楽曲も多く存在します。これにより、世
界各地のリスナーが楽曲のメッセージや感情に共感しやすく
なり、国際的な市場での成功を収めています。

Coachella Valley

@AnInsidersGuide・2023年4月17日

SKYMAGIC paints the sky pink #COACHELLA2023 with stunning drone light show. 500 drones light up the skies above the Coachella Stage and introduced global phenomenon BLACKPINK to the stage as the Saturday night headliner, illuminating the full festival site pink.

> **訳**　SKYMAGICの見事な光のドローン・ショーがコーチェラ・フェスティバル2023の空をピンクに彩る。500機のドローンがコーチェラのステージ上空を照らし、フェスティバル会場全体をピンクに染めながら、世界規模の活躍をみせるBLACKPINKを土曜日夜のメイン出演者としてステージに導いた。

アメリカ最大の音楽フェス・コーチェラにおいて、韓国のアイドルグループ・BLACKPINKがヘッドライナーとして出演しました。ヘッドライナーとして選ばれることは、そのアーティストがイベントのトップアクトとして位置づけられることを意味し、メインステージでのパフォーマンスも披露できます。

Word Pocket

● stunning	見事な	● illuminate	光で飾る
● global phenomenon	世界的現象	● full	全部の
● headliner	コンサートのメインの出演者	● site	会場

shin
@smilingsunoo・2020年8月22日

"I always wanted to be on TV since I was a kid. I kept trying out auditions. Singing & dancing made me feel good, I could feel my heartbeat going up."
Continue chasing your dream as we support & stand by u along the way of ur journey. Shine even brighter, Sunoo!

 訳

「子どもの頃からずっとテレビに出たいと思っていました。オーディションを何度も受けました。歌ったり踊ったりすることで気分がよくなり、心臓が高鳴るのを感じることができました。」
あなたの夢を追い続けてね、私たちはあなたの旅の道中あなたを近くで支えます。ソヌ、よりいっそう明るく輝いて！

上記のつぶやきは、2020年に日韓で放送されたオーディション番組「I-LAND」内でメンバーを応援しているもの。オーディションを勝ち抜いた7名が「ENHYPEN（エンハイプン）」としてデビューしました。つぶやき内で出てくる「ソヌ」とは「キム・ソヌ」のことで彼も見事に勝ち抜きデビューを勝ち取りました。

Word Pocket

● keep 〜 ing	何度も〜する	● chase	追う
● audition	オーディション	● stand by 〜	〜の近くにいる／支持する
● continue 〜 ing	〜することを続ける	● journey	旅

darling

@twiceluvv · 2023年10月28日

In all honesty, I don't think there's a girl group with such a sisterhood like TWICE. From the trust they had in each other with their contract renewal to the literal separation anxiety they experience being apart, these girls are truly family!!

> 訳　正直に言って、TWICEのように女性同士の結束がこれほど強いガールズ・グループはいないと思う。再契約に関してのお互いへの信頼から、彼女たちが離ればなれになって経験した文字通りの分離不安まで、この女の子たちは本当に家族だ！

韓国の芸能事務所においてアイドルとの一般的な契約期間は7年とされており、7年を過ぎると一部メンバーの脱退やグループの解散をむかえることもしばしばあります。2022年に契約更新をむかえた人気グループTWICEはメンバー9人全員での再契約に成功し、世界中のファンに大きな喜びを与えました。

Word Pocket

- literal 文字通りの
- trust 信頼
- apart 離れて
- sisterhood 女性同士の連帯
- separation anxiety 分離不安
- contract renewal 契約の更新

137

#KPOPに関連するフレーズ

☐ **K-pop artists use social media to promote their music and build their brands.**

（K-popアーティストはSNSを使って自身の音楽を宣伝し自身のブランドを確立している。）

▶social media「SNS、ソーシャルメディア」、promote ~「~を宣伝する」

☐ **Shin-Okubo, being Tokyo's Korean Town's full of K-pop music and merchandise. They even have a live music club.**

（東京のコリアンタウンである新大久保はK-POP音楽やグッズであふれている。ライブハウスまである。）

▶full of ~「~でいっぱいである」
merchandiseは「商品」という意味ですが、特定のキャラクターや人物などの「関連グッズ」を指す言葉として使うのでオンラインショップなどで検索する際覚えておくと便利。

☐ **I used to listen to SISTAR all the time, so I'm thrilled about two of the members making a comeback as a duo next year.**

（SISTARをいつも聴いていたので、2人のメンバーが来年デュオとしてカムバックするのはわくわくする。）

▶used to ~「よく~したものだ」、thrilled「わくわくして」、duo「2人組」

☐ **The members of BLACKPINK were awarded Honorary MBEs by King Charles of the United Kingdom.**

（BLACKPINKのメンバーは英国のチャールズ国王に名誉大英勲章を授与されました。）

▶award ~ ...「…に~を授与する」、MBE=Member of the Order of the British Empire「大英帝国勲章」

☐ **It was a bit of a surprise seeing a Japanese artist perform at MMA (Melon Music Awards) 2023.**

（MMA（メロン・ミュージック・アワード）2023で日本人アーティストが歌うのを見てちょっと驚いた。）

▶a bit of a 〜「ちょっとした〜」

☐ **Giselle of aespa gave a speech at the UN Forum, relating the group's metaverse concept to sustainability.**

（aespaのジゼルは国連のフォーラムでグループのメタバースのコンセプトとサステナビリティを関連づけたスピーチを行った。）

▶relate 〜 to …「〜を…と関連づける」、metaverse「メタバース」

☐ **Although all South Korean able-bodied men aged 18-28 must serve in the military, some K-pop stars can delay their duties until the age of 30.**

（18から28歳までのすべての健康な韓国人男子は兵役の義務が課せられているが、K-popスターの一部はその義務を30歳まで延期できる。）

▶able-bodied「健康で丈夫な」、delay 〜「〜を延期する」、duty「義務」

☐ **Casting through Instagram and other platforms seems to have become the latest trend in the K-pop industry.**

（インスタグラムやほかのプラットフォームを使ったスカウトはK-pop業界の最新の傾向になったようだ。）

▶latest「最新の」、trend「傾向、トレンド」

WhatsHappeningInMyanmar

2021年2月、ミャンマーでクーデターが発生しました。その後、市民の抗議と弾圧が激化。深刻な人権侵害と経済混乱が起こるなか、市民たちのこのハッシュタグによる発信が注目を浴びました。

#WhatsHappeningInMyanmar とは「ミャンマーで何が起こっているのか」という意味。2021年2月1日、ミャンマーで軍によるクーデターが勃発。選挙で勝利した文民政府を解散し、ミン・アウン・フライン軍最高司令官が権力を握りました。クーデター後、市民の抗議活動が広がり、軍と抗議者との間で衝突が激化。軍の弾圧により多くの市民が犠牲になり、国際社会から人権侵害が糾弾されています。安定した政治状況が求められていますが、軍政府と国民との対立はいまだ続いています。

Sophie
@Sophiekak · 2021年2月5日

The three-finger salute has been used as a symbol of resistance across protest movements throughout the years in Hong Kong, Thailand and now Myanmar. There is power in solidarity.

> 訳　三本指の敬礼は抵抗の象徴として何年にもわたり香港やタイ各地の抗議運動で使われてきた、そして今はミャンマーで。連帯には力がある。

ミャンマーでの軍事クーデターに対して何千人もの市民が抗議活動を続ける中、指を3本立てた敬礼が、抗議運動の決定的なシンボルとなりつつあります。ハリウッド映画『ハンガー・ゲーム』のなかで使われたサインが、タイや香港の抵抗運動に取り入れられ、クーデター後のミャンマーで広まったと言われています。

Word Pocket

● salute	敬礼	● protest movement	抗議運動
● symbol	象徴／シンボル	● through out ~	～を通してずっと
● resistance	抵抗	● solidarity	団結／連帯

May Zin Woo

@MayZinO83234321 · 2021年3月13日

Just In, Night Strike at Hledan, Yangon Myanmar, lighting the candles, oil lamps and phone flashlight showing their desire to oppose the Military at their best until night time.

訳　たった今入ったニュース、ミャンマーのヤンゴン・レーダン地区での夜のストライキの様子。夜になるまでろうそくや石油ランプ、そして携帯電話の懐中電灯の明かりをつけて、軍に反対するという彼らの強い願いを最もよく表しています。

ミャンマー国軍のクーデターに抗議する市民によるデモが各地で起こりました。上記のつぶやきはミャンマーの最大都市であるヤンゴンでストライキが行われたときのものです。一部のデモに対して軍は武力を用い、これに対し民主派勢力の一部が武装化し、激しい戦闘に発展したものもあり、一触即発の状況が続きました。

Word Pocket

● strike	ストライキ		● desire	(強い)願望
● light	火をつける		● oppose	反対する
● flashlight	懐中電灯		● at one's best	最高の状態で

Teapot
@teeapot · 2023年2月1日

2 years ago today, Min Aung Hlaing took everything away from us. By losing my dream future, I struggle so much now but that is nothing compared to the pains of numerous refugees, mourning families & broken families he created.

訳 2年前の今日、ミン・アウン・フラインは私たちからすべてを奪った。夢に見た未来を失ったことで、私は今必死にもがいているが、彼が引き起こしたおびただしい数の難民、嘆き悲しんでいる家族や壊れた家族の痛みに比べれば何でもない。

ミン・アウン・フライン氏はミャンマー軍の最高司令官で、クーデターにより民主的選挙を経た指導者アウン・サン・スー・チー氏を拘束し、全権を握りました。国際的にもミャンマー情勢に対する懸念が高まり、多くの国や国際機関がクーデターを非難し、民主主義の回復を求めています。

Word Pocket

● take away 〜 from…	〜から…を奪う	● numerous	数多くの
● struggle	もがく	● refugee	難民
● compared to 〜	〜に比べれば	● mourn	嘆き悲しむ

#WhatsHappeningInMyanmarに関連するフレーズ

☐ The three-fingered salute is spreading in Myanmar.
（3本指の敬礼はミャンマーで広まっています。）

☐ How was the coup carried out?
（クーデターはどのようにして実行されましたか？）

▶coup(coup d'état)「クーデター」、carry out 〜「〔計画など〕を実行する」

☐ Myanmar's military junta imprisoned and killed a lot of people.
（ミャンマーの軍事政権は多くの人を投獄、殺害した。）

▶imprison 〜「〜を刑務所に入れる、投獄する」

☐ Rights groups have called on world leaders to take tough action, like imposing a global arms embargo.
（人権団体は国際的な武器禁輸を課すなど、断固たる措置をとるよう世界の首脳に求めました。）

▶rights group「人権（擁護）団体」、call on 〜 to ...「〜に…するよう（正式に）依頼する、訴える」、impose 〜「〔義務など〕を課す、負わす」、arms embargo「武器禁輸」

☐ The public held a "silent strike" to protest against the military government.
（市民は軍政府に抗議するため「サイレント・ストライキ」をおこなった。）

▶public「〔the 〜〕大衆、市民」

☐ **Protesters called for the release of their leaders including Aung San Suu Kyi.**

（抗議者たちはアウン・サン・スー・チーさんなど指導者の解放を求めた。）

▶protester「抗議（活動）をする人、デモ参加者」、call for ～「～を求める、要求する」

☐ **Myanmar's military rulers have shut down the country's internet.**

（ミャンマーの軍部指導者は同国のインターネットを遮断した。）

☐ **A national civil disobedience movement was launched by healthcare workers and civil servants, in opposition to the coup d'état.**

（クーデターに反対して、全国的な市民不服従運動が医療従事者や公務員によって開始されました。）

▶launch ～「〔組織的な活動など〕を始める、開始する」、in opposition to ～「～に反対〔抵抗〕して」

☐ **The panel discussion was held between Burmese nationals resisting the Myanmar military regime.**

（その公開討論会はミャンマーの軍政権に抵抗するミャンマー人の間でおこなわれた。）

▶panel discussion「公開討論会、パネルディスカッション」、Burmese「ミャンマー（ビルマ人）〔語〕の」、resist ～「～に抵抗する、反抗する」、regime「（民主的でない）政治形態、政権」

24 # BlackCulture

アフリカ系アメリカ人が築き上げた文化のこと。2023年、HIPHOPは誕生から50周年を迎えました。

#BlackCultureは主にアフリカ系アメリカ人が築き上げた文化のことを指します。中でも、1970年代にニューヨークのブロンクス地区で開かれたブロック・パーティーをルーツとした、特徴のある音楽やダンス、グラフィティなどの文化を総称して#HIPHOPと呼びます。現代では「ヒップホップ」というとブレイクビーツにラップを乗せた音楽を指すことが多いですが、本来はファッションやアートも含めた文化全体の意味を持ちます。ヒップホップは2023年に誕生から50周年を迎え、SNS上でも今まで以上の盛り上がりを見せています。

Michelle Obama
@MichelleObama・2023年6月19日

Juneteenth is a celebration of freedom—a chance to pay tribute to countless advocates, activists, and changemakers and the work they did to build a more perfect Union.

訳 ジューンティーンスは自由を祝う日であり、数えきれないほどの擁護者、活動家や変革者たちと、彼らがより完全なアメリカを築くために尽くした働きに対して敬意を表する機会である。

投稿者であるミシェル・オバマさんは、アメリカのバラク・オバマ元大統領の妻です。アメリカ史上初のアフリカ系アメリカ人のファーストレディで、彼女の影響で改めて自身のルーツを見直しはじめるアフリカ系アメリカ人が増えました。

Word Pocket

● pay tribute to ~	~に敬意を表する	● activist	活動家
● countless	数えきれないほどの	● changemaker	変革を起こす人
● advocate	支持者／擁護者	● Union	(南北戦争時の)米国

hiphop50
@hiphop50 · 2023年8月11日

"That party at 1520 Sedgwick Ave. That's the party that started everything…and we're still here, it's amazing."
Originators. Legends. Pioneers. Icons. #HIPHOP50LIVE is where you want to be tomorrow!

訳 「セジウィック通り1520番地でのあのパーティー。そのパーティーからすべてが始まった…そして私たちは今もここにいる、すごいことだ。」
最初に始めた人。偉大なレジェンド。道を切り開いた人。憧れの象徴。明日は#HIPHOP50LIVEに行かないと！

1973年8月11日、ニューヨークのブロンクス区でDJクール・ハークが、のちに「ヒップホップの発祥」と言われるパーティーを開催しました。クール・ハークは、2枚の同じレコードを交互に何度も繰り返すブレイクビーツを発明し、今では「ヒップホップの父」と呼ばれています。

Word Pocket

● still	今もなお／相変わらず	● pioneer	先駆者／パイオニア
● originator	創始者	● icon	偶像視される人／象徴
● legend	偉大な人物／レジェンド	● you want to ～	～すべきである

Hunter D Phoenix
@HunterDPhoenix · 2023年11月13日

I've been listening to the art of spoken word a lot lately. Poetry if you like but it usually comes with a whole soundscape of additional stimulation. As a writer, I like the play of words but as a blind, i also like the play of noise. Stories told for your mind to dance to.

訳 最近、話し言葉の芸術をたくさん聴いている。詩と言い換えることもできるけど、たいていはもっとずっと刺激的な音の風景が含まれている。物を書く者としては、言葉遊びは好きだけど、目の不自由な者としては音の遊びも好きだ。聞くと心が踊り出すような物語も。

Spoken word poetry（話し言葉の芸術）とはブラックカルチャーのひとつで、自分で作った文章を詩の朗読や一人芝居のように読み上げる、言葉だけのパフォーマンスです。ヒップホップのようにビートに乗せるわけではありませんが、話し言葉によって人種差別などに対して抗議の気持ちを表現することもあります。

Word Pocket

- spoken word 話し言葉
- poetry 詩
- soundscape 音の風景
- stimulation 刺激
- writer 作家／物書き
- blind 目の不自由な

#BlackCultureに関連するフレーズ

☐ Hip hop was honored at the 2023 Grammy Awards, with a 14-minute performance celebrating the 50th anniversary of the genre.

（2023年のグラミー賞授賞式でヒップホップはその50周年を祝う14分間のパフォーマンスをもって称えられた。）

▶honor ～ 「～の栄誉を称える」、anniversary「周年記念日」

☐ A concert celebrating the birth of hip hop was held at Yankee Stadium exactly 50 years from its birth.

（ヒップホップが生まれてからちょうど50年経った日にその誕生を祝うコンサートがヤンキー・スタジアムで開かれた。）

☐ The headliners at the Hip Hop 50 Live killed it tonight.

（今夜のヒップホップ50ライブのメイン出演者は圧巻だった。）

▶headliner「（コンサートの）メインの出演者」
kill itは「最高、すばらしい」の意味の褒め言葉として使います。

☐ It's amazing that you can pinpoint the birthdate of hip hop and how it originated.

（ヒップホップは誕生した日や経緯が正確に分かっているところがすごいよね。）

▶pinpoint ～ 「～を正確に示す、特定する」、originate「生じる、始まる」

☐ Who do you think is the best rapper of all time?

（史上最高のラッパーは誰だと思う？）

▶of all time「古今を通じて最高の、史上最高の」

☐ **Beyoncé is known as a strong advocate of the Black community and the BLM movement.**

（ビヨンセは黒人社会やBLM運動の強力な擁護者として知られています。）

▶advocate「支持者、擁護者」、BLM=Black Lives Matter

☐ **She showed some awesome moves at the breakin' competition.**

（彼女はブレイキンの競技会でかっこいい動きを見せた。）

▶awesome「すごい、いけてる」、move「動き」、competition「競技会」

☐ **Black History Month is observed annually in February in the United States and Canada.**

（「黒人の歴史月間」はアメリカとカナダでは毎年2月に祝われている。）

▶observe ～「～を祝う」、annually「毎年」
アメリカではAfrican-American History Month「アフリカ系アメリカ人の歴史月間」とも呼ばれ、アフリカ系の偉人や歴史的に重要なできごとについて学び、回想する期間のことです。イギリスやアイルランドでは毎年10月に制定されており、一部のヨーロッパの国でも行われています。

☐ **Graffiti art, which was first seen as just a scribble on the wall then recognized as an art form, has been an important part of Black culture.**

（最初はただの壁の落書きだと思われ、その後芸術のひとつの形だと認識されたグラフィティ・アートは黒人文化の重要な一部分である。）

▶scribble「落書き、なぐり書き」、recognize ～「～を認識する」

25 #WorkFromHome

新型コロナウィルス感染症流行以降、世界中の多くの企業が取り入れた「在宅勤務」。感染症の流行が収束した後も、在宅勤務を継続している企業も増えています。

#WorkFromHomeとは「在宅勤務」のこと。WFHは、頭文字を取った略語です。コロナ禍において、在宅勤務は一般的となり、企業は労働者の安全を確保するためにテレワークを導入しました。この変化により、通勤ストレスの軽減や感染リスクの低減が実現されましたが、同時に働き方の変化に適応するという課題も生まれました。オンラインツールの活用や遠隔コミュニケーションの工夫が求められ、柔軟性や生産性向上の可能性も広がりました。コロナ禍後も在宅勤務が一定程度継続される中で、労働環境の最適化やリモートワークの定着が課題となっています。

Tim Mutrie
@tim_mutrie · 2021年9月26日

With employees working more productively from home, and the money companies are saving by ditching or downsizing their office space, it's no wonder people are adopting a #remotework situation. #workfromhome #remoteemployee #productivity #futureofwork

訳 従業員が在宅勤務でより生産的に働いていることと、会社が事務所スペースをなくしたり削減したりして節約したお金を考えると、人々がリモートワークを導入するのも当然だ。

コロナ禍を経て増えた在宅勤務は従業員のワークライフバランス向上や生産性向上に寄与し、企業にとっても人材の定着やコスト削減の効果が期待できます。SNSでは在宅勤務における工夫や、メリットなどをつぶやくものも多く、コロナ禍以降の働き方の多様性の広がりを感じることができます。

Word Pocket

● productively	生産的に	● downsize	縮小する
● save	節約する	● no wonder 〜	〜も当然である
● ditch	捨てる	● adopt	選ぶ／導入する

#WorkFromHomeに関連するフレーズ

☐ **Working remotely has been popular for years in some industries such as IT.**

（リモートワークは、ITのようないくつかの業界では長年人気がありました。）

▶for years「何年も（の間）、長い間」

☐ **I'll give you some working from home tips.**

（在宅勤務のコツをいくつか教えましょう。）

☐ **My older brother works from home at least three days a week.**

（私の兄は週に最低3日は在宅勤務をしています。）

▶at least「少なくとも、最低でも」

☐ **Is she looking for work from home jobs?**

（彼女は在宅勤務ができる仕事を探していますか？）

☐ **For remote work to be effective for both businesses and employees, clear guidelines are necessary.**

（リモートワークが企業と従業員の双方にとって効果的であるためには明確な指針が必要です。）

▶remote work「在宅勤務、リモートワーク」、effective「効果的な」、guideline「指針、ガイドライン」《複数扱い》、necessary「必要な」

☐ Working from home was popularized by the pandemic, and there has been a growing interest in work from home jobs.

（在宅勤務はパンデミックによって広く普及しており、在宅でできる仕事への関心は高まっています。）

▶popularize ～「～を社会に広める」、pandemic「（病気の）全国［世界］的流行」、grow「（数量・大きさなどの面で）増す、増大する」、interest「関心、興味」

☐ There are a number of benefits for businesses opting for their employees to work from home.

（従業員が在宅勤務している企業にはいくつかのメリットがある。）

▶a number of ～「いくつかの～」《複数扱い》、benefit「利益、メリット」、opt for ～「～を選ぶ」

☐ Hybrid work means working both in-office and remotely.

（ハイブリッドワークはオフィスで働くオフィスワークとリモートワークの両方で働くことを意味します。）

▶hybrid「混成の」

☐ There has been a return to office (RTO) versus work from home (WFH) debate these last few years.

（ここ数年、オフィス回帰（RTO）対在宅勤務（WFH）が議論されてきた。）

▶A versus B「A対B」、debate「議論、論争」

天気にまつわる英語表現

英語には天気にまつわる表現がたくさんあります。このコラムで紹介するのは、おなじみの「-y」で終わる単語で、特定の天気についてピンポイントに描写できる言葉です。SNS上だけで使われている言葉ではありませんが、SNSユーザーも含めて、天気をより具体的に描写するのに役立つ表現です。

☐ **It's bright and breezy out—the laundry's gonna dry quick today!**

明るくて風が気持ちいい。今日は洗濯物がすぐ乾きそう！

さわやかなそよ風を英語ではbreezeといいます。最後に「y」をつけることで、名詞breezeは形容詞に変わり、「心地よく、風を感じるような」状態を意味します。

☐ **Glad I brought my scarf. It's nippy out there!**

マフラーを持ってきてよかった。外はけっこう寒い！

nipは「かじる」という意味で、yをつけると「かじるような」になります。その「肌をかじるように」寒い、つまり「刺すように」寒く、びっくりするような天気がnippyなのです。

☐ **Breathing in some frosty air this morning.**

今朝は凍りそうに冷たい空気を吸っています。

「霜」を意味するfrostの末尾にyをつけることで、「霜が降りるほど寒い」「凍るような」天気を表す言葉として使うことができます。

muggy

ムッとするように暑い

It was so muggy out today, I felt like I was swimming through the air.

今日は蒸し暑すぎて、空を泳いでいるような気分だった。

muggyは、夏の「蒸し暑い天気」のことを表現する言葉です。「蒸し暑い」という意味で、英語の授業で習う天気の言葉といえば、humidを思い浮かべる人も多いでしょう。確かにhumidは、空気中に湿気が多いことを表す言葉です。それに対してmuggyは、湿気が多い上に、かなり暑く、非常に不快な天気に使います。

Tollywood

南インドの映画産業のこと。「ナートゥをご存じか?」で一躍話題になった
『RRR』もこのトリウッドで制作されました。

#Tollywoodはインド南部、テランガーナ州を拠点とする
映画産業のことです。そこで主に使用されている言語の「テル
グ語」と、アメリカ映画産業の中心であるHollywoodをかけ
合わせた造語です。インド映画といえば、ムンバイを拠点とす
るBollywoodが長年業界を牽引してきましたが、2022年に
公開されたトリウッド映画『RRR』の大ヒットをきっかけにト
リウッドも注目を集めるようになりました。インド映画はダ
ンスシーンを含む作品が多いのが特徴で、SNSではそれら
のシーンをまねて踊る様子を撮影した動画が多く投稿されて
います。

ETimes Telugu
@ETimesTelugu・2022年7月18日

Recently, #Google released its annual report of the most searched Asians on the Internet in 2022. A total of 16 actors from #Tollywood made it to the 75-member list. Let's have a look at them.
#Southstars #tollywoodstar

訳 最近Googleは2022年にインターネットで最も検索されたアジア人について年次報告書を公開しました。トリウッドからは合計16人の俳優が75人のリストに名を連ねることに成功しました。彼らをちょっと見てみましょう。

Googleが発表した「2022年最も検索されたアジア人TOP75」には、高いダンススキルで人気を博すトリウッド俳優のアッル・アルジュンや、『RRR』のビーム役を演じたN・T・ラーマ・ラオ・ジュニア、ラーマ役を演じたラーム・チャランなど、多くのトリウッド俳優がランクインしました。

Word Pocket

● release	公開する	● make it	成功する
● annual report	年次報告書	● have a look	ちょっと見る
● search	〔インターネットなど〕を検索する		

rajamouli ss
@ssrajamouli · 2023年1月16日

The great James Cameron watched RRR… He liked it so much that he recommended it to his wife Suzy and watched it again with her.
Sir I still cannot believe you spent a whole 10 minutes with us analyzing our movie. As you said I AM ON TOP OF THE WORLD… Thank you both.

訳 偉大なるジェームズ・キャメロンがRRRを見てくれました。あまりにもそれを気に入った彼は奥さんのスージーさんにも薦めて彼女と一緒にもう一度見たそうです。
10分間もかけて私たちの映画を分析してくれたなんて、まだ信じられません。あなたが言ったように「最高の気分」です。お二人ともありがとう。

トリウッド映画である『RRR』や『バーフバリ』を制作したS・S・ラージャマウリ監督による投稿です。第80回ゴールデン・グローブ賞授賞式の会場で『アバター』、『タイタニック』のジェームズ・キャメロン監督とラージャマウリ監督が会話を交わし、互いの映画のファンだったことが判明しました。

Word Pocket

- great 偉大な
- whole まるまるの
- on top of the world 大得意で／有頂天で
- recommend 薦める
- analyze 分析する

RRR Movie

@RRRMovie · 2023年3月13日

We're blessed that #RRRMovie is the first feature film to bring INDIA's first ever #Oscar in the Best Song Category with #NaatuNaatu!
No words can describe this surreal moment.
Dedicating this to all our amazing fans across the world. THANK YOU!! JAI HIND!

訳　RRRがナートゥ・ナートゥにより歌曲賞でインド初のオスカーをもたらした最初の長編映画であることを喜ばしく思います。
この非現実的な瞬間を言い表す言葉はありません。
世界中のすばらしいファンにこれをささげます。ありがとう。インド万歳！

トリウッド映画『RRR』は、インド映画史上初の快挙である、アカデミー賞の歌曲賞を受賞したことが2023年3月に発表されました。劇中のダンスバトル曲である「ナートゥ・ナートゥ」のミュージックビデオは公開2週間で再生回数1億回を突破し、曲に合わせて踊る、通称「ナートゥダンス」は社会現象にもなりました。

Word Pocket

● blessed that ～	～で喜ばしい	● describe	言い表す
● feature film	長編映画	● surreal	現実離れした
● first ever	史上初の	● dedicate	ささげる

#Tollywoodに関連するフレーズ

☐ The Indian film industry is the most prolific in the world, producing more than 2,000 films in 2019.

（インドの映画産業は世界で最も多作であり、2019年には2,000を超える作品が製作された。）

▶film industry「映画産業」、prolific「〔作家などが〕多作の」

☐ Indian film industries have developed along the country's regions, and Tollywood is one of the most prominent industries in the south.

（インドの映画産業は国の地域に沿って発展しており、トリウッドは南部では突出した存在の１つです。）

▶prominent「目立った、顕著な」

☐ I knew about Bollywood, but knew nothing about other film industries.

（ボリウッドは知っていたけどほかの映画産業は全然知らなかったな。）

▶インドの映画産業はボリウッドやトリウッドのほか、サンダルウッド、コリウッド、モリウッドなど地域や言語別にいくつか存在します。

☐ Bollywood is the Hindi-language film industry based in Mumbai, whereas Tollywood is the Telugu-language film industry based in Hyderabad.

（ボリウッド映画はムンバイを拠点とするヒンディー語の映画産業であるのに対して、トリウッド映画はハイデラバードを拠点とするテルグ語の映画産業です。）

▶Hindi「ヒンディー語」、whereas「〜である一方で」、Telugu「テルグ語」

☐ **Tollywood is known for its action sequences.**

（トリウッドは一連のアクションシーンで有名だ。）

▶sequence「〔映画〕互いに関連するシーンやカットの一つながり」

☐ **Did you know that *Baahubali* was actually not just a movie but a media franchise?**

（『バーフバリ』は実は映画だけではなく、複数の媒体のシリーズだと知っていましたか？）

▶actually「実は」、franchise「〔映画・テレビドラマなどの〕シリーズ」

☐ **The two lead characters in *RRR* are based on actual Indian freedom fighters.**

（『RRR』の2人の主人公は、自由を得るために戦った実在のインド人の闘士が基になっている。）

▶lead character「主人公」、actual「実在の」

☐ **The "Naatu Naatu" dance sequence went viral on social media.**

（「ナートゥ・ナートゥ」の一連のダンスステップはSNSで拡散された。）

▶sequence「一連の動作、（ダンスなどの）連続したステップ」、go viral「拡散される、バズる」

☐ **S.S. Rajamouli, the director of *RRR*, confirmed that its sequel is in the works.**

（『RRR』のS・S・ラージャマウリ監督はその続編が製作中だと認めた。）

▶confirm ～「～を（本当だと）確認する」、sequel「〔物語などの〕続編」、in the works「製作中で」

毎年６月２０日は「世界難民の日」（WorldRefugeeDay）。紛争、迫害、自然災害などにより故郷を離れる難民が増え続けています。SNSから昨今の難民問題を読み解いていきます。

#WorldRefugeeDayは世界難民の日。6月20日の世界難民の日は、国際連合が難民の権利と尊厳を認識し、世界中の難民に対する連帯と支援を促進するために設けられており、難民が抱える課題や困難に焦点を当て、その解決に向けた行動を喚起するとともに、難民の人々に対する理解と共感を深める機会となっています。世界難民の日のテーマは年ごとに異なり難民支援の進進、権利保護に関する重要な問題が取り上げられます。これにより、難民の人々の苦境や努力が広く知られ、同時に国際社会において協力と共感が生まれることが期待されています。

MSF Sea
@MSF_Sea · 2023年6月24日

BREAKING NEWS
This morning, the team on #GeoBarents rescued 13 people, including 2 women and 2 unaccompanied minors, who were in distress on an unseaworthy rubber boat.

訳　ニュース速報
今朝、GeoBarents号に乗ったチームが救ったのは女性2人と保護者のいない未成年者2人を含む13人で、航海には不向きなゴムボートの中で遭難していました。

こちらを投稿したのはMSF（国境なき医師団）です。彼らは紛争、伝染病、災害、そして適切な医療を受けられない人々に、医療支援を提供する非営利団体です。リビアから逃げ出した難民が地中海で遭難しているとの通報を受け、救助船で2日間捜索をして13人を救出しました。

Word Pocket

● rescue　　　　　救助する
● minor　　　　　未成年（者）
● unseaworthy　航海に適さない
● unaccompanied　同伴者のいない
● distress　　　　困難，窮地

Shaun Ponsonby
@DukeStKing · 2023年5月30日

If we didn't welcome people who were fleeing their home country because of violence, unrest and persecution, we wouldn't have Freddie Mercury.
End of discussion.

訳　暴力、混乱や迫害などの理由で自国から逃れてきた人たちを私たちが受け入れなかったとしたら、フレディ・マーキュリーという人はいないことになります。
以上。

イギリスのロックバンド、Queenのボーカルであるフレディ・マーキュリーは、ペルシャ系インド人の両親から生まれ、1964年のイギリス領ザンジバル(現タンザニア)で起きた革命と暴動から逃れるために難民になったという過去を持ちます。

Word Pocket

- welcome　迎え入れる
- flee　〔危険などから〕逃げる
- violence　暴力
- unrest　(社会・政治的な)混乱
- persecution　迫害
- End of discussion　以上[議論終わり]

Hayida
@Hayidels · 2023年6月22日

A refugee is someone who leaves their homeland for conflict, violence, human rights violations, disasters and more.

Children all over the world seek the same things in common, they seek fun, joy and happiness...

#WorldRefugeeDay

> 訳
>
> 難民とは紛争、暴力、人権侵害、災害などにより自国を離れる人のことです。
> 世界中の子どもたちは共通して同じものを求めています、彼らは楽しみ、喜び、そして幸せを求めているのです。

パキスタンは数十年に渡って、数多くのアフガニスタン難民を受け入れてきました。タリバンによる攻撃から逃れるために多くの幼い子どもたちが故郷を離れて暮らしています。難民のうち、滞在許可を持たない人たちは強制送還されており、再びタリバンによる危機に脅かされる可能性もあります。

Word Pocket

● conflict	紛争	● disaster	災害
● human rights	人権	● seek	探し求める
● violation	侵害	● in common	共通の

#WorldRefugeeDayに関連するフレーズ

☐ World Refugee Day was known as Africa Refugee Day before 2001.

（2001年以前、世界難民の日はアフリカ難民の日として知られていた。）

▶be known as ～「～として知られている」

☐ 52% of all refugees come from just three countries: Syria, Afghanistan and Ukraine.

（難民の出身国はシリア、アフガニスタン、ウクライナの3か国だけで世界の全難民の52%を占めています。）

☐ The democratic movements of the 2011 Arab Spring led to the massive surge in the number of refugees from the Middle East and North Africa.

（2011年のアラブの春の民主化運動は、中東および北アフリカからの難民数の大幅な急増につながった。）

▶massive「大量の、大規模の」、surge「急増」

☐ MSF, named Doctors Without Borders in English, received the 1999 Nobel Peace Prize for their pioneering humanitarian work.

（MSFは英語で国境なき医師団と呼ばれ、先駆的な人道支援の功績によって1999年にノーベル平和賞を受賞しました。）

▶border「国境」、pioneering「先駆的な」、humanitarian「人道（主義）的な」
MSFはフランス語のMédecins Sans Frontièresの頭文字。移動を強いられた人々へ避難先や移動の途上で援助を提供しています。

☐ Actor Cate Blanchett has been a goodwill ambassador for UNHCR since 2016.

（俳優のケイト・ブランシェットは2016年からUNHCRの親善大使をつとめています。）

▶goodwill「親善、友好」、ambassador「使節、代表」

☐ The International Rescue Committee was founded at the request of Albert Einstein, who was a refugee himself.

（国際救済委員会は自身も難民だったアルバート・アインシュタインの要請を受けて設立されました。）

▶found ～「～を設立する」、request「依頼、要請」

☐ A post by UNHCR said, "No one chooses to be a refugee." So true.

（国連難民高等弁務官事務所の投稿に「難民になることを選択する人はいない」と書いてあった。そのとおりだな。）

▶choose to ～「～することを選ぶ」

☐ They have the Refugee Olympic Team at the Olympic Games who made their first appearance in the 2016 Summer Olympics.

（オリンピックには「難民選手団」というチームがあり、2016年夏季大会で初めて出場しました。）

▶make an appearance「登場する、お目見えする」

28 #MondayMotivation

英語圏のSNSでは「Monday Motivation」や「Throwback Thursday」など、曜日に引っ掛けた単語と合わせて作られたハッシュタグが使われています。

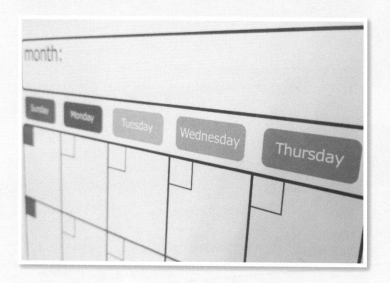

#MondayMotivationは「月曜日のやる気」と訳され、週初めのモチベーションを高めるような投稿につけられるハッシュタグです。このように英語圏のSNSでは、曜日と韻を踏んでいる単語や同じ文字で始まる単語と合わせて作ったハッシュタグが見られます。#tbtはThrowback Thursday（振り返りの木曜日）の略で、昔の町の風景や幼少期の思い出など懐かしい記憶を振り返る投稿につけられます。似たものではほかにも#WednesdayWisdom（水曜日の知恵）や#SundayFunday（楽しい日曜日）などがあり、それらのハッシュタグに合わせた内容の写真や動画、文章が投稿されています。

Dr Amir Khan GP
@DrAmirKhanGP・2023年11月13日

It's so hard to remain positive when seeing the horrors happening right now. But I have to believe there is hope for a better future, one of peace. In the meantime a walk in an autumn wonderland taken yesterday is a much needed respite.
#MondayMotivation

訳　今起きている恐ろしいことを目にしながら前向きであり続けるのは本当に難しい。
でもより良い未来への望みはあると信じなければならない、平和な未来だ。
ところで昨日すばらしい場所で秋の散歩をしてひと息ついた、こういう小休止がとても必要だった。

これは#MondayMotivationというハッシュタグがつけられ、月曜日に投稿されたものです。休み明けで月曜日が憂鬱だというのは世界共通ですが、その気分が上がらない月曜日のモチベーションを高めるための格言や風景の写真を、このハッシュタグとともに投稿してお互いを元気づけています。

Word Pocket

● remain	～であり続ける	● peace	平和
● positive	前向きな	● in the meantime	ところで
● horrors	恐ろしい体験／惨事	● respite	小休止

Bretman Rock Pascual
@bretmanrock · 2021年3月18日

My niece is gonna have the best throwback pics when she grows up...
She's gonna be like :
Throwback to when my uncle would babysit me, he would do my hair and feed me spaghetti. #tbt #bretman

> 訳
>
> 私の姪が大きくなったとき、これが昔を思い起こさせる最高の写真になるだろう。
> 彼女はこんな感じのことを言うんだろうな:
> おじさんが子守りをしてくれたときの思い出、髪を整えてくれてスパゲッティを食べさせてくれた。

こちらは#tbtというハッシュタグをつけられ、木曜日に投稿されました。tbtは#Throwback Thursdayの略で、「振り返りの木曜日」と訳されます。主に欧米のセレブやアーティストがこのハッシュタグを好んで使っています。ちなみに、木曜日に振り返りの投稿を忘れてしまったら、#FlashBackFridayとつけて金曜日に持ち越すこともできます。

Word Pocket

throwback	昔を思い起こさせるもの	babysit	子守りをする
be like ~	～と言う	do one's hair	～の髪を整える
feed	食事を与える	throwback to when ~	～のときの思い出

Age UK
@age_uk · 2019年5月10日

Our #FridayFeeling coming from watching Jane's 96-year-old grandad being reunited with his dog after spending 16 days in hospital.

訳　ジェーンの96歳のおじいちゃんが16日間病院で過ごしたあと犬と再会するのを見て、#金曜日の気持ちになる私たち。

こちらは#FridayFeeling（金曜日の気持ち）というハッシュタグをつけられ、金曜日に投稿されました。週の終わりで、土日休みを前に楽しそうな様子の投稿が多く寄せられています。金曜日はほかにも#FridayFunday（楽しい金曜日）などがあり、#TGIF（Thank God It's Friday）は日本でいう「花金」のような使われ方をしています。

Word Pocket

- grandad　おじいちゃん
- spend　過ごす
- reunited with ～　～と再会する
- puppy　子犬
- emotion　感情

#MondayMotivation に関連するフレーズ

☐ My "Monday motivation" is looking at my dog Lucky; he gets me going even on Monday mornings.

（私の「月曜日のやる気」が出るのは犬のラッキーを見ているときだよ、月曜日の朝でも彼のおかげで元気になるんだ。）

▶get ～ going「〔人〕にやる気を起こさせる、元気を出させる」

☐ Do you do something special to get yourself motivated on Mondays?

（月曜日にやる気が出るように何か特別にすることはある？）

▶something special「何か特別なこと〔もの〕」、motivate ～「〔人に〕意欲を起こさせる」、get oneself motivated「自分にやる気を起こさせる」

☐ My favorite "Monday motivation" quote is "You don't have to see the whole staircase, just take the first step." by Martin Luther King, Jr.

（「月曜日のやる気」に関する名言で私が一番好きなのはマーティン・ルーサー・キング・ジュニアの「階段全体を見る必要はない、ただ最初の一歩を踏み出せばいい。」です。）

▶whole「全体の、すべての」
step には「歩み、一歩」と「（階段の）段」という意味があり、その二つをかけています。

☐ I need good "Motivational Monday" ideas to inspire my employees.

（従業員を奮起させて「やる気の月曜日」にするためにいいアイデアが必要です。）

▶inspire ～「～を鼓舞する、奮起させる」

☐ His #TransformationTuesday post with pictures of
him now and ten years ago was hilarious because he
looked like a different person.

（彼の#TransformationTuesdayの投稿は現在と10年前の彼の写真
が載ってて別人みたいでおかしかったな。）

▶transformation「変化、一変」、hilarious「とても面白い」

☐ The school organized some "Wellness Wednesday"
activities for students like yoga classes and walks.

（その学校は学生のためにヨガ教室やウォーキングといった「心身を
健康にする水曜日」のイベントを開催した。）

▶organize ~「〔行事・活動など〕を手配する、催す」、wellness「心身が健康であること」

☐ I'm going to post some old photos of my family under
the hashtag #ThrowbackThursday.

（#ThrowbackThursday「振り返りの木曜日」のハッシュタグをつ
けて昔の家族写真を投稿するよ。）

▶throw ~ back「〔人・心〕を（昔などへ）引き戻す」

☐ I love seeing #SundayFunday posts that make me
smile and relax.

（「楽しい日曜日」の投稿は笑顔になるしホッとするから、見るのが好
きだな。）

監 修

NHK「太田光のつぶやき英語」制作班

NHK Eテレで放送中の英語情報番組。「世界のどこかでつぶやいている人がいる。どこで、誰が、どんな気持ちで？」世界的なニュースや話題に関するSNSへの投稿を、専門家と一緒に英語で読み解くことで、世界の「今」が見えてくる番組です。2024年4月から新タイトル「#バズ英語　〜SNSで世界をみよう〜」（Eテレ毎週火曜 夜7時半〜）として放送予定。

#から世界が広がる！ つぶやき英語

2024年3月5日　初版第1刷発行

制作協力　　　　　　Tom Kain
装丁・本文デザイン　福田あやはな
編集協力　　　　　　中澤佑美（株式会社カルチャー・プロ）
イラスト　　　　　　フクイサチヨ

発行人　　　永田和泉
発行所　　　株式会社イースト・プレス
　　　　　　〒101-0051　東京都千代田区神田神保町2-4-7　久月神田ビル
　　　　　　Tel03-5213-4700 Fax03-5213-4701
　　　　　　https://www.eastpress.co.jp
印刷所　　　中央精版印刷株式会社